Contre
la dépression
nationale

Contre
la dépression
nationale

**Julia
Kristeva**

entretien
avec
Philippe Petit

dans la même collection

Humanitaire : le dilemme *par Rony Brauman (1996)*

Pour une philosophie de la maladie *par François Dagognet (1996)*

Cybermonde, la politique du pire *par Paul Virilio (1996)*

La République menacée *par Pierre-André Taguieff (1996)*

Vers un droit commun de l'humanité *par Mireille Delmas-Marty (1996)*

Contre la fin du travail *par Dominique Schnapper (1997)*

L'Avenir du progrès *par Dominique Lecourt (1997)*

Malaise dans la mondialisation *par Zaki Laïdi (1997)*

À quoi sert la littérature ? *par Danièle Sallenave (1997)*

Collection dirigée par Philippe Petit,
docteur en philosophie et journaliste.

Graphisme : Caroline Keppy et Sandrine Roux

© Les éditions Textuel
9, rue du Helder
75009 Paris

ISBN : 2-909317-51-X
ISSN : 1271-9900
Dépôt légal : avril 1998

Photographie de couverture :
© Hannah/Opale

sommaire

avant-propos

« Personne n'est mort, donc rien ne s'est passé. » Ce propos du philosophe Alexandre Kojève a tous les traits d'un jugement politique. Il ne s'agissait pas d'une condamnation morale des événements de 1968, ni d'un mépris affiché envers la portée du mouvement étudiant, mais d'un diagnostic historique sur ce que pouvait avoir d'inacceptable la révolte contre le général de Gaulle et le prestige restauré de la France. Personne n'est mort, donc les enfants gâtés de la bourgeoisie se sont trompés de cible. Pour Kojève, le sage hégélien, la remise en cause de l'État bourgeois n'était pas une figure de la conscience, ce n'était pas une action responsable prenant en compte le haut degré de maturité de l'État gaulliste et la fin de l'Histoire. C'était une révolte avortée contre le Père et la Mère-nation, c'était un psychodrame familial.

Mai 68, une parodie historique de mauvais goût ? Kojève ne fut pas le seul à le penser. Edgar Morin, plus bienveillant, parlait à l'époque de « jeu-kermesse », de « jeu-guérilla », dans le sens où les événements « permettaient de miner sérieusement les barricades de l'histoire de France et les guérillas du Che. » Le mouvement de Mai n'était qu'une parenthèse, un moment d'insolence et de contestation sans véritable perspective historique ni programme sérieux.

Des enfants avaient joué à la révolution,
des ouvriers, des employés, des infirmières
les avaient rejoints, et la droite nationale les
avait sommés de rentrer dans le rang.
Mai avait démarré au Quartier Latin et s'était
échoué sur la voie sacrée de la Concorde
à l'Arc de triomphe. Mai avait éclos sur les
pavés de la rue Gay-Lussac et s'était flétri sur
ceux des Champs-Élysées. Les enragés s'étaient
révoltés contre un pouvoir sans visage, les
gaullistes avaient manifesté en compagnie « de
déportés revêtus de leur tenue rayée, d'anciens
combattants arborant leurs décorations et
d'anciens FFI ayant ressorti leurs brassards[1]. »
1944-1968, la boucle était bouclée, les parents
pouvaient dormir tranquilles et les enfants
pouvaient grandir en paix. « Les pluies d'août
semblent avoir changé les feux de mai en restes
abandonnés sur la voirie. De Paris vacant,
les rues, puis les murs ont été nettoyés. Cette
opération de propreté atteint aussi la mémoire,
où les souvenirs s'effacent », écrivait Michel
de Certeau dans *La Prise de la parole*, paru en
octobre 1968. La légende de Mai commençait,
les livres sur les événements abondaient, les
intellectuels soixante-huitards préparaient leur
conversion. Cette légende, devenue vulgate,
pèche par pessimisme. La révolution
démocratique de 68 n'aurait été qu'une
révolution impossible, une révolte contre
l'autorité, les partis, les institutions,
le phallocentrisme, etc.; elle n'aurait été
qu'une crise de croissance, un face-à-face

stérile entre l'ordre moral et le désordre
désirant, une joute absurde entre la règle et
son contraire. Quelle erreur ! Quelle naïveté !
Hormis les « nouveaux philosophes », il n'est
plus personne pour croire que les révolutions
tournent bien. Toutes les révoltes foirent, mais
qu'elles échouent, cela n'a jamais empêché
les hommes de se révolter. « L'expérience
des règles, disait Georges Canguilhem, c'est
la mise à l'épreuve, dans une situation
d'irrégularité, de la fonction régulatrice des
règles[2] », ce n'est pas « le » refus de la Règle.
La révolte contre l'État, ce n'est pas une
négation de la politique d'État, pas plus que
la révolte contre le familialisme est la négation
de la Famille. Mai 68 fut d'abord et avant tout
un refus de l'étatisme, du familialisme,
de l'autoritarisme, ce fut la promesse
de l'amour sans la conjugalité, l'affirmation
de possibles inédits, ce fut, selon Julia Kristeva,
une quête furieuse de bonheur et une soif
de sacré, « un violent désir de faire
le tour des normes ».
Trente ans après le mouvement de Mai,
il nous a paru opportun de tirer les
conséquences de cette « liberté-révolte »
et de demander à l'auteur des *Nouvelles
Maladies de l'âme* (1993) pourquoi « la mise
en cause des lois, des normes et des valeurs
est le moment fort de la vie psychique des
individus, comme celle des sociétés ». Écrivain
et psychanalyste, née en 1941 en Bulgarie,
Julia Kristeva est arrivée en France à

Noël 1965, où elle découvre un pays frileux
qui venait de sortir de la guerre d'Algérie
et se repliait sur un gaullisme à la fois fier
et inquiet. Témoin privilégiée des événements,
elle découvre à vingt-sept ans, au sein
de la revue *Tel Quel*, l'effervescence des avant-
gardes, elle côtoie la CGT et le PC, se met
à l'écoute de la base, admire le poète-président
Mao. Au fil des ans, elle se fâche avec
le féminisme « hard », décrypte Lacan,
travaille avec Barthes et Lévi-Strauss,
lit Althusser. L'étrangère fait son chemin
et cultive son amour de la littérature française
et de Freud. Saturée de théorie, elle éprouve
le besoin de plonger en elle-même
et commence en 1973 une psychanalyse.
Elle en sortira analyste et romancière.
Personne n'est mort (trois militants tout
de même), mais Julia Kristeva a très tôt perçu
l'essentiel de ce qui s'est passé en 1968.
Elle a compris très vite le besoin de
coopération sociale qui s'y est exprimé.
La société, n'en déplaise à Kojève, n'est pas
une totalité close. Les individus ont toujours
la possibilité de s'interroger sur ses normes.
Il n'y a pas de contradiction absolue entre
l'affirmation du désir et l'imposition d'une
limite. Mais on ne peut toutefois, *a contrario*,
« s'établir en soi » sans se révolter.
« Le bonheur n'existe qu'au prix de la
révolte », affirme l'auteur d'*Histoires d'amour*
(1983). Cela vaut à la fois pour l'expérience
intime et pour l'expérience sociale. Telle fut

la bonne nouvelle de Mai, l'annonce faite aux
enragés. Elle demeure aujourd'hui intacte.
Le souci de joindre la jouissance privée au
bonheur public demeure pour chacun de nous
une idée neuve. La révolution démocratique
et solidariste ne fait que commencer.
Contrairement à nombre d'idées reçues,
« ce n'est pas Mai 68 qui a dévalorisé le
pouvoir : Mai 68 a cristallisé un phénomène
en cours, en révélant ses conséquences pour
chaque individu et pour l'ordre social »,
souligne Julia Kristeva. Cette dévalorisation
est encore à l'œuvre aujourd'hui. Elle entame
l'image que les individus se font d'eux-mêmes
et de leur pays. « La France vit aussi une
dépression nationale, analogue à celle des
personnes privées. » Elle manque de fierté
nationale et sombre trop souvent dans
la déprime. Trop de français « déconsidèrent
la vie communautaire et politique, n'agissent
plus, gémissent ». Le lecteur trouvera dans
la conversation qui suit de quoi remédier
à ce malaise national. Il y trouvera, nous
le souhaitons, de quoi vaincre sa fatigue
et de quoi combattre cette dépression.
Pour qu'il ne soit pas dit qu'on peut
se passer de révolte et de liberté.

Philippe PETIT

1. *Danielle Tartakowski*, Le pouvoir est dans la rue, crises
politiques et manifestations en France, *Aubier, 1998.*
2. *Georges Canguilhem*, Le Normal et le Pathologique,
PUF, coll. « Quadrige », 1966.

Que reste-t-il de 1968 ?

Que
reste-t-il
de
1968 ?

« Parmi les soixante-huitards convertis au réalisme majoritaire, il est devenu de bon ton de réduire Mai 68 à un phénomène sociologique et culturel. Il s'agirait avant tout d'un soulèvement de la jeunesse contre les archaïsmes d'un État fortement centralisateur, contre les pudibonderies de l'ordre moral et contre les rigidités hiérarchiques », remarque Daniel Bensaïd dans un article paru dans *Rouge* en 1993. Que pensez-vous de ce jugement ? Ne trouvez-vous pas, en effet, que l'on réduit un peu trop les événements de 1968 à une révolte culturelle et que l'on a tendance à minimiser, trente ans après, la grève générale et le mouvement social qui l'ont accompagnée ?

Un mot était sur toutes les lèvres en mai 1968 : *contestation*. Il révèle une version fondamentale de la liberté : non pas la liberté-adaptation ou la liberté-réussite, mais la liberté-questionnement, la liberté-révolte. Trente ans après, nous sommes tellement habitués par la technique et le libéralisme à identifier la liberté avec la seule aptitude à entreprendre que cette autre version paraît inexistante, au point que la notion même de liberté s'étiole dans les esprits et les comportements. Il est essentiel de rappeler que cette variante de la liberté-révolte non seulement existe mais qu'elle est fondamentale : sans elle, ni la vie de l'esprit ni la vie du lien social ne sont possibles. Je dis bien la « vie », et non pas la maintenance, la répétition, la gestion. La mise en cause des lois, des normes et des valeurs est le moment fort de la vie psychique des individus, comme de celle des sociétés. On ne peut déplorer la « mort des valeurs » tout en déconsidérant, comme le font certains, les mouvements qui les interrogent. Car c'est précisément par l'interrogation que les « valeurs » cessent d'être des dividendes figés et acquièrent un sens mobile, polyvalent, vivant. Il n'y a aucun nihilisme dans la contestation qui a embrasé ce mois de mai 1968, mais au contraire un violent désir de faire le tour des normes qui régissent le privé comme le public, l'intime comme le social, et de proposer de nouvelles configurations, perpétuellement contestables. Ce souci de « révolution permanente », qui prit la forme d'une joie, d'une ivresse, fut-il seulement le fait d'une jeunesse qui abréagissait le « second Œdipe », celui de l'adolescence, sur le dos d'un État archaïque et d'une société pudibonde et consommatrice ? La contestation culturelle et sexuelle fut de toute évidence le « fer de lance » des événements, et la jeunesse se méfia à juste titre des « récupérations » politiciennes que les syndicats et partis de gauche essayèrent d'imposer à ce « printemps », ainsi que du « consumérisme » intrinsèque aux travailleurs. Il n'en reste pas moins que la grève générale et le mouvement social qui secouèrent le pays peuvent être interprétés, avec le recul, comme l'indice de quelque chose de tout à fait nouveau : d'une part, le désir des citoyens les plus défavorisés, des « humiliés » et des « offensés », de revendiquer une dignité au-delà et en dépit des appareils politiques habituels qui les encadraient depuis le début de l'ère industrielle ; d'autre part, et en même temps, ils annonçaient la phase finale du « prolétariat » au sens d'une classe homogène et d'une clientèle de partis. Alors que la déconsidération des appareils politiques était en cours, s'élaborait une prise de conscience des humiliés et des offensés d'être des sujets ne se réduisant pas à leur place de producteurs dans le système de production. Mais des sujets qui, tout en maintenant leurs revendications légitimes de meilleurs salaires et de meilleures conditions de travail, se laissèrent porter par des exigences de liberté subjective, qui allaient les conduire à demander plus de démocratie, moins de centralisation, et enfin par l'espoir d'un bonheur pour tous, avec le droit au respect en plus du droit à la consommation. Ce qu'on décrit comme des « progrès de la démocratie » ces trente dernières années comprend avant tout l'assurance des classes pauvres osant prétendre aux mêmes jouissances – sinon aux mêmes luxes – que les autres. Prétention bien soixante-huitarde : « Nous sommes réalistes, nous voulons l'impossible. » L'impossible, c'est-à-dire le bonheur ? Deux fois l'impossible : le bonheur pour tous.

On oublie souvent que la Révolution française de 1789 fut menée au nom d'une idée neuve, le *bonheur* pour le plus grand nombre de malheureux – contrairement à la révolution américaine, qui fut plus légaliste et fédéraliste, car elle se proposait de bien gérer le contrat que concluaient entre eux des propriétaires relativement aisés. Peut-être en raison de mes origines étrangères, je suis plus sensible que d'autres à cette différence entre les deux révolutions, ainsi qu'au fait qu'il existe en France un *peuple* qui n'a pas oublié qu'il a fait la plus radicale des révolutions bourgeoises. La plus violente sans doute, et dont les conséquences restent problématiques, mais aussi la plus tributaire de la réalité miséreuse qui reste encore le lot de notre continent, ainsi que des ambitions chrétiennes et rousseauistes de dignité pour tous. La contestation juvénile de mai 1968 ne fut pas sourde à cette tradition-là, et son rejet des appareils PC ou PS ne la rendait pas moins attentive, au contraire, au mouvement social. Vous savez comme moi que nombre de gauchistes de l'Odéon sont allés « s'établir » en usine ! On sait la réticence des leaders politiques à l'égard de cette « chienlit » – de De Gaulle à Mitterrand qui n'aimait pas qu'on fasse un lien entre l'ébranlement de la France en 1968 et la victoire des socialistes en 1981 –, se méfiant tous de la contestation permanente, et l'on n'imagine que trop bien leurs bonnes raisons pour ce faire. Pourtant, cette logique de remise en cause des pesanteurs hiérarchiques et des absolus de la société productiviste fut déclenchée en mai 1968, et c'est bien sur sa lancée que la France a eu le courage d'entamer cette lente modernisation qu'elle poursuit actuellement : à travers les avancées et les échecs des socialistes, et jusqu'aux mouvements des écologistes et des chômeurs. Une modernisation qui n'aspire pas seulement à s'adapter aux impératifs de la globalisation (tout en les reconnaissant), mais qui, sans pour autant se replier sur les archaïsmes d'un bon vieux pays paresseux, tente d'affronter l'ère postindustrielle avec des avantages très « personnels », tels le goût et l'art de vivre. Qu'est-ce d'autre, sinon l'irréductible aspiration à cette dignité de chacun et des plus modestes, ce droit à l'extravagance – permettez-moi ce mot –, car c'est ainsi que certains perçoivent la liberté à la française, la liberté à la Mai 68 ?

Ce double visage de l'« esprit 68 » – à la fois libération des désirs subjectifs et souci de dignité pour les plus malheureux – me paraît être une des caractéristiques du mouvement en France, plus nettement que dans d'autres pays, où l'on a vu des flambées de libération sexuelle, mais avec moins d'approfondissement philosophique et moins d'infiltration dans les mouvements populaires.

> **À cette époque, aviez-vous le sentiment de prendre la suite d'une histoire qui avait commencé en 1848, puis en 1870 et en 1936 ? Aviez-vous le sentiment de vivre une de ces révoltes parisiennes qui ont fait l'histoire de la République française ?**

Je suis arrivée en France à Noël 1965 ; en mai 1968 je ne connaissais la réalité française que depuis deux ans. Ce fut une occasion extraordinaire de faire mon apprentissage de la culture et de la politique françaises. D'autant que, contrairement à mes amis français, je n'avais pas de famille en France à « contester » ni de « tradition bourgeoise » sur place à rejeter ou à améliorer. C'est donc, d'emblée, par-delà mon histoire personnelle et ses propres pesanteurs que je situais les événements dans la perspective d'une longue durée, en continuation de l'esprit de la Révolution de 1789 et, bien sûr, de celui des mouvements révolutionnaires qui remontaient à 1848, et plus encore à la Commune de Paris.

Lisiez-vous des classiques sur 1848 ou la Commune ?

On ne lisait pas beaucoup en mai 1968. Le chaos et l'agitation prenaient le pas sur les moments de lecture, mais deux ou trois textes traînaient en effet sur mon bureau à ce moment-là ; je les ai beaucoup cités dans ma thèse de doctorat que j'ai rédigée après : *La Révolution du langage poétique. L'avant-garde à la fin du XIXᵉ siècle : Mallarmé et Lautréamont* (Éd. du Seuil, 1974). D'abord *Le 18 Brumaire* de Marx, qui me paraissait une analyse impitoyable mais juste de la société française, décrite comme un « sac de pommes de terre », c'est-à-dire comme un assemblage d'individualismes récalcitrants, contre lesquels s'insurgeait justement Mai 68 ; et l'annonce des mouvements révolutionnaires et de leurs échecs que Marx avait très bien saisis, en commençant par l'enlisement de la Révolution. Ce livre me semble d'ailleurs toujours d'actualité... Je lisais aussi la *Logique* de Hegel. De sa dialectique, je retenais surtout l'exaltation du négatif, les moments de rupture m'éblouissaient, ils me semblaient résonner avec ce qui se passait dans la rue, mais aussi dans la vie psychique spécifique à la création littéraire. Je commençais à m'intéresser à la psychanalyse, et le rapport entre la psychose et l'art moderne me paraissait évident, à inscrire au compte de ce négatif que Hegel pose comme immanent à la vie de l'esprit – et que Freud allait reprendre à propos du « rejet » pulsionnel et de la « négativité » internes au jugement. Aujourd'hui, certains philosophes et sociologues tentent de discréditer cette valorisation du négatif, au profit du « système » qui leur paraît convenir davantage aux réalités psychiques et sociales actuelles. Ils se laissent entraîner, en somme, par le souci de gérer le *statu quo* et sous-estiment lourdement aussi bien le mal-être que la re-naissance dont il peut être porteur.

Enfin, je me souviens d'un poème de Victor Hugo, qui m'avait beaucoup marquée dans mon enfance et que j'ai depuis transmis à mon fils : il me semblait traduire la France intrépide, sa jeunesse insolente, en consonance parfaite avec les événements – le sang en moins, heureusement. « Sur une barricade, au milieu des pavés / Souillés d'un sang coupable et d'un sang pur lavés, / Un enfant de douze ans est pris avec des hommes, / – Es-tu de ceux-là, toi ? L'enfant dit : – Nous en sommes. » (*L'Année terrible*, juin 1871, n° 11.)

Il existe deux daguerréotypes de la barricade de la rue Saint-Maur en 1848, pris avant et après l'émeute, deux photos faites par un anonyme de sa fenêtre...

Je me souviens quand on a enlevé les pavés de la rue Gay-Lussac. On a essayé de construire une barricade, qui n'était pas aussi impressionnante que celle que j'imaginais chez Hugo, mais enfin, c'était quelque chose ! Il y eut ensuite la charge de la

police, nous nous sommes réfugiés à l'École nor-
male, qui fut encerclée : impossible d'en sortir.
Sollers s'est fait passer pour un médecin accom-
pagnant un brancardier, moi j'ai filé dans la confu-
sion provoquée par les grenades lacrymogènes.

**Il y avait la rue Gay-Lussac et Renault-Billancourt, le Quartier
Latin et les usines Wonder. Vous n'avez jamais été désireuse de
vous « établir » en usine ?**

Pas vraiment. En Bulgarie, le parti communiste
faisait s'établir les jeunes dans les usines ou dans les
fermes coopératives pour leur apprendre la réalité
et combattre l'élitisme des intellectuels. Ce fut surtout un dénigrement du travail intellectuel, de son
sens spécifique. Les intellectuels en sortaient plutôt
humiliés que « réalistes ». J'en avais conçu, et je
garde encore, une grande estime pour ceux qui
vivent de la pensée : c'est une activité plutôt rare,
n'est-ce pas, et qui mérite d'être encouragée, sûrement pas d'être convertie en une autre fonction,
fût-elle productrice de biens de consommation ;
d'autant que, par ailleurs, les intellectuels n'ont
pas grand-chose à apprendre aux ouvriers dans
l'usine même, mais plutôt et tout simplement à
travers leurs livres. Mes amis qui se sont établis en
usine en mai 1968, et après, me paraissaient avoir
beaucoup de difficultés psychologiques, une grande
culpabilité et aucune confiance en eux-mêmes. Je
venais de lire saint Thomas qui, en reprenant le pré-
cepte biblique et évangélique d'aimer son prochain
comme soi-même, conseille au croyant : « Établis-
sez-vous en vous-même ! » Phrase sublime, qui
nous invite au demeurant à nous réconcilier avec
notre narcissisme, avant d'établir des liens avec
autrui. Aucun rapport avec la « vanité » (ou ce que
nous appelons l'égoïsme), que le saint ne se prive

pas de fustiger : au contraire, « s'établir en soi » protège des excès d'égocentrisme. Je disais donc à un de ces amis, dont l'établissement en usine se soldait par beaucoup d'amertume : « Établis-toi en toi-même, après tu choisiras si tu peux t'établir ailleurs. » Il m'a entendue, mais seulement quelques années plus tard, après avoir fait son expérience douloureuse.

Avec le recul, que diriez-vous de la libération des mœurs à laquelle tous les soixante-huitards ont peu ou prou participé ?

Je viens de prononcer le mot « expérience » : la libération des mœurs fut une expérience essentielle de 68. L'apparition du sexe de groupe, l'utilisation du hasch, etc., étaient vécues comme une révolte contre la morale et la famille bourgeoises. Toute personne de ma génération est passée par là. Ce mouvement n'est politique que parce qu'il commence par couper à vif dans la conception traditionnelle de l'amour. Quelques années auparavant, on avait découvert les sex-shops. Beaucoup d'entre nous allèrent d'abord en Hollande, dans les pays nordiques, pour profiter de cet assouplissement des interdits ; ensuite, la vague a atteint la France. C'était à la fois nouveau et risqué, donc enivrant…

J'entends bien, mais cette révolution des mœurs, cette révolution sexuelle, cette exhibition des corps, cette rupture avec ce qui était considéré comme un ordre moral et familial, comment la considérez-vous aujourd'hui ?

Je la considère indispensable, car c'est cette libération des mœurs qui a contribué à la libération de la société française, coincée dans ses archaïsmes dix-neuviémistes, effrayée par la guerre d'Algérie… Il ne faut pas oublier que 68 fut un mouvement mondial qui a contribué à une redistribution sans

Le « tout-sexe »
s'est alors
transmué en paix
universelle, gérée
par le spectacle
et le profit,
et a fini par se
confondre
avec la mort
du désir...

précédent de la vie privée. Mes réticences commencent à partir de la commercialisation de cette percée : lorsque ce grand chambardement est devenu une idéologie du corps et du plaisir, un marketing d'*entertainment* vidé de son sens – qui est toujours le sens de l'inquiétude. La libération sexuelle a dégénéré aujourd'hui en *health sex* : une panacée idyllique, une nouvelle religion, pour finir en cocooning ou en vie de famille reconstituée dans une sorte de sentiment océanique, le plaisir à tout prix et pour tous, dénué de contradiction. Comme s'il y avait une égalité dans le plaisir, et comme si Éros n'était pas l'autre face de Thanatos ! Le « tout-sexe » s'est alors transmué en paix universelle, gérée par le spectacle et le profit, et a fini par se confondre avec la mort du désir…

Avez-vous eu rapidement conscience de cette récupération ?

Ceux qui étaient dans cette mouvance libertaire se méfiaient des récupérations partisanes, mais n'eurent pas immédiatement le soupçon d'une récupération mercantile et médiatique de leur désir en tant que désir-marchandise ou désir-image. Encore que la méfiance de Guy Debord envers la société du spectacle se soit fait entendre très tôt – déjà en 1967 ! Son réquisitoire resta cependant confiné à un petit groupe. Le slogan « récupération, piège à cons » se répandit très vite, mais essentiellement pour atteindre des positions politiques ou pour des interventions à l'intérieur de l'Université. On avait souvent l'impression que, dès que l'on proposait quelque chose de nouveau, cela devenait une institution. Pour ce qui est du sexe, la plupart n'ont pas eu cette impression. Se sont-ils laissé piéger, en particulier par la mode du psychédélisme, qui conférait une touche paradisiaque à cette libération sexuelle, à laquelle on enlevait le ferment de combat pour ne garder que le halo religieux ? Se laissèrent-ils entraîner par une idéologie bien française, libertine, du salut par le désir – en dehors du désir pas de salut ? Toujours est-il qu'il ne manqua pas d'« entreprises » pour transformer la libération sexuelle en religion du sexe. Et c'était le commencement de la fin, l'*establishment* de la facilité. Un nouveau consensualisme en quelque sorte ! Bien qu'on entende souvent des ennemis du sexe, qui prétendent n'être que des opposants à son utilisation en marketing, mais qui sont tout bonnement des puritains ! Et puisque l'hypocrisie est bien difficile à débusquer – sauf sur les divans, mais fort peu ont le courage de s'y rendre ! –, je préfère encourager ceux qui tentent encore une libération (notamment sexuelle) que suivre ceux qui pourchassent les abus de cette liberté.

Quand vous êtes-vous intéressée de près à la psychanalyse ? En 1968, vous ne saviez pas encore que vous deviendriez psychanalyste. Quels ont été les prémisses qui vous ont orientée vers ce choix ?

D'abord, une certaine imprégnation par la civilisation française. À côté de la métaphysique abyssale de la philosophie allemande, avec Kant, Hegel et Heidegger ; à côté de l'empirisme anglais, de Locke aux logico-positivistes, la pensée française a ceci de particulier qu'elle est immédiatement écrite (après Descartes, de Pascal à Voltaire-Diderot-Rousseau), mais aussi incarnée, sexualisée (littérature et pensée se rejoignant dans le même souci de vérité sexuelle : Villon, Rabelais, le XVIIIᵉ siècle). Pour rester dans la modernité, de Diderot et Sade jusqu'à Proust et Bataille, il existe en France une prise en compte de l'expérience sexuelle et de sa co-présence avec la pensée qui est un phénomène unique au monde. Nous sommes ici à la source de ce qu'on appelle l'athéisme français : une étrange valorisation de la vie psychique singulière, pour autant qu'elle est portée par le désir sexuel et enracinée dans les besoins du corps, et qui épuise la transcendance sans nullement la dénier, mais comme si elle restituait au sens son incarnation.

Ensuite, la place que la sexualité prit en mai 1968 ne pouvait qu'attirer de nouveau mon attention sur le freudisme, qui était loin de constituer pour moi un continent théorique abstrait. L'inconscient, le rêve, les pulsions : c'était bien ce que nous vivions, dans le mouvement de l'actualité elle-même.

Enfin, il y avait le prestige de ce renouveau de la psychanalyse auquel ont contribué des penseurs comme Lévi-Strauss, qui, tout en s'écartant de Freud, avait introduit la problématique de l'inceste en anthropologie ; Althusser, qui faisait travailler des notions freudiennes dans son analyse du marxisme ; Barthes, qui métissait le structuralisme d'une incursion dans le secret sexuel des textes ; et surtout Lacan, qui perturbait la linguistique et la phénoménologie en contaminant le « signifiant » de Saussure et l'« Être » de Heidegger avec l'insatiable désir et son « manque » ou son « objet petit *a* ». Ce qu'il y avait de plus actif, de plus original dans la vie culturelle française des années 1960-1970 était donc imprégné de la découverte freudienne, dans laquelle je me suis immergée à mon tour.

D'accord, mais vous auriez très bien pu devenir une adepte de Deleuze. Vous commencez une analyse en 1973, tandis que *L'Anti-Œdipe* paraît en 1972. Deleuze aimait à dire que l'inconscient est une usine qui produit du désir et non un théâtre qui

accouche des rôles de papa-maman. Votre livre *La Révolution du langage poétique* date de 1974, vous auriez pu bifurquer vers d'autres horizons ?

Je vous laisse choisir si un inconscient-usine est plus libérateur, plus agréable ou plus fécond qu'un inconscient-théâtre. Mais, contrairement à ce que vous laissez entendre, j'étais très sensible à l'aspiration anarchiste de *L'Anti-Œdipe,* et j'aime beaucoup l'œuvre de Deleuze. Je pense même, quand je me laisse aller à la vogue médiatique des palmarès, que Deleuze est peut-être le plus original et le plus radical des philosophes français contemporains. Sa déculpabilisation de la folie, son insistance sur les variantes paranoïdes du *socius,* du « lien », m'ont intéressée tout particulièrement. J'ai été conduite à creuser, dans la foulée de *L'Anti-Œdipe,* l'œuvre d'Artaud, et de préciser comment, à partir de son expérience de la psychose, il met en question la famille, Dieu, et essentiellement la langue, en essayant non pas de s'en évader, mais de construire en contrepoint une sublimation de type nouveau, inadmissible : une œuvre qui détruit la tradition pour retrouver son refoulé et lui redonner la parole, une autre parole, parole idiolectale, la plus singulière de toutes les singularités et cependant partageable, et toujours éternellement à venir. La sauvagerie de l'inconscient distillée en écriture, la culture démasquée et refaite. J'ai interrogé les non-dits archaïques dans la langue, c'est-à-dire les phases préœdipiennes relatives à la relation de l'enfant avec la mère, cette empreinte du maternel sur la psyché et sur le langage, que j'appelle le « sémiotique » (distingué du « symbolique » qui serait le propre de la langue, de ses signes et de sa syntaxe). Au cours de ce travail personnel, sémiologique et déjà psychanalytique, je me suis aperçue cependant que, depuis Freud, beaucoup de psychanalystes s'étaient intéressés à cette modalité « narcissique » et « psychotique » de l'iconscient. J'ai aussi constaté que *L'Anti-Œdipe* enfonçait des portes ouvertes pour les cliniciens, mais pas pour le grand public, et qui méritaient aussi d'être ouvertes avec beaucoup plus de précaution ! *L'Anti-Œdipe* avait une valeur libératrice sur un plan « mondain », au meilleur sens du mot, disons public, par rapport aux idéologies familialistes et aux enfermements normatifs toujours possibles de la psychanalyse. Mais l'ouvrage ne surprenait pas la psychanalyse soucieuse de réhabiliter les latences précœdipiennes et psychotiques de l'inconscient : je pense notamment aux cliniciens qui avaient travaillé en contact avec les Anglais comme Winnicott et Bion, à la suite de Mélanie Klein. La différence majeure, maintenant, entre les psychanalystes de l'école anglaise et ceux de l'école française consiste en ceci : les Anglais accentuent les dimensions catastrophiques, disons psychotiques de l'inconscient, alors que les Français privilégient les dimensions érotiques, c'est-à-dire œdipiennes. Est-ce à dire que l'Œdipe est à rejeter comme couche superficielle du psychisme, pour que la vie psychique digne de ce nom se focalise uniquement sur ce qui le précède ou le déborde, sur la psychose ? Ce serait une absurdité et une erreur, car, une fois que l'on a reconnu la radicalité de la pulsion de mort et de la destructivité qui produit en chacun de nous une psychose endémique, il ne faut pas oublier que l'être humain est un être parlant, donc un être de langue, de communication, de lien. Or, qui dit « langage » et « lien » pose d'emblée les questions de la limite, de l'interdit, de la loi : questions intrinsèques à notre condition d'êtres parlants, qui se posent et se reposeront toujours. Comment affirmer la limite-l'interdit-la loi sans qu'ils deviennent une tyrannie, une contrainte, une barbarie, mais qu'ils puissent continuer à nous former en souplesse ? Tout le problème est là. Il ne s'agit pas d'évacuer la question en idéalisant la folie après qu'on a idéalisé le sexe. Mais il s'agit de reconnaître la latence de la folie et de poser par rapport à elle un interdit négociable. C'est tout l'art de l'analyse. C'est tout l'art de... l'art ! Psychanalyse et art ayant, dans cette affaire, partie liée...

Aviez-vous déjà au milieu des années 1970 le sentiment que Deleuze allait trop loin ? Son refus du père et son amour des frères vous effrayaient-ils ?

Vous savez, quand on a survécu au stalinisme, peu de chose vous effraie. Surtout pas le désir et l'amour : tout au plus provoquent-ils de la curiosité... Ma propre expérience, mais plus nettement encore l'expérience analytique, m'ont appris que le désir, s'il existe, est inaltérable, infini, absolu et destructeur. Mais aussi, et indissociablement, que le père est indispensable – source ou butée du désir, tout comme il est... analysable. Vous le constatez aujourd'hui avec la résurgence du sacré. Voyez ces foules aux Journées mondiales de la jeunesse, cherchant un bon père, qui s'agenouillent devant le pape, lequel permet à des millions de gens (jusque dans un pays comme Cuba, massacré par une paternité dictatoriale) de « réparer le père » : de se consoler à l'abri d'une figure paternelle qui ne soit ni absente ni tyrannique, mais simplement présente et aimante. Certaines audaces, telles que *L'Anti-Œdipe,* se donnaient des facilités en balayant l'effort de penser la limite, l'interdit et la paternité. Tant que la pensée de gauche, la pensée libertaire, se leurre sur cette problématique de la paternité, qui est celle de l'interdit et de la loi, elle sera conduite à des impasses : en succombant, par exemple, aux charmes mitterrandiens du père machiavélique, divinisable. « Il est interdit d'interdire » est un interdit des plus féroces, qui commence par faire rire et finit par être affolant.

Soyons clairs. On se fait une image caricaturale du père sévère, du père tyran, qui serait celle inventée par le bon vieux Freud. Rien de plus schématique, bien que cette figure de la paternité existe aussi chez le fondateur de la psychanalyse. Depuis des années cependant, et tout particulièrement en France, les psychanalystes ont mis en évidence les multiples facettes de la figure paternelle. Personnellement, je me suis beaucoup intéressée – dans *Histoires d'amour* (Denoël, 1983) – à ce que Freud nomme très rapidement, en un raccourci dans *Le Moi et le Ça*, le « père de la préhistoire individuelle ». Il s'agit d'un père aimant, qui n'est pas essentiellement le père de l'interdit, mais le père-objet d'amour de la mère ; un père qui aime et sans lequel il n'y aurait pas d'idéal. C'est le pôle de nos identifications primaires, qui consolide nos capacités de représentation : le détenteur de notre faculté imaginaire. Autres facettes : la féminité du père, la passion du père, le désir du père. Plutôt que de s'insurger contre la tyrannie du père paranoïaque, il me paraît plus intéressant de penser à une figure complexe de la paternité. Sans cela, on reste dans une dyade hallucinatoire mère-enfant, en dehors de la civilisation. Quand on n'attise pas la fascination homosexuelle, d'amour-haine, entre le sujet et ce père-tyran.

Quant à l'amour des frères qui vous intéresse, sa sublimation est le socle du lien social – et Freud fut

« Le couple
hétérosexuel
ne serait-il pas
la réussite
par excellence,
une sorte
de miracle
de la civilisation ?

le premier à le noter. Deleuze a dévoilé avec beaucoup de franchise la teneur sexuelle de cette sublimation. Désormais, ce n'est plus un secret pour personne. On remarque même qu'une déculpabilisation de l'homosexualité des frères conduit parfois à renforcer ce que le lien social a de plus conformiste, de plus répressif. Ainsi, ces gays américains qui sont fiers parce qu'on leur permet enfin d'être flics ! Voilà ce qui aurait déplu en mai 1968, et aurait fait rire Deleuze ! Mais, puisque vous vous adressez à moi, la question que vous auriez pu me poser est de savoir si un amour non pas des frères mais des sœurs existe, et quel peut être son destin social. Ce qui nous amènerait à considérer l'homosexualité endémique des femmes, qui n'est pas symétrique à celle des hommes : car l'attachement de la fille à sa mère en est le prototype, et il est universel. Cette homosexualité pourrait-elle constituer la base d'une complicité féminine, d'une socialité plus – ou moins ? – dramatique, comme on commence à s'interroger en revisitant les mœurs de harems, par exemple ? Ou encore, cette autre question : la guerre des sexes semblant structurelle, le couple hétérosexuel ne serait-il pas la réussite par excellence, une sorte de miracle de la civilisation ? Autant de casse-tête, mais aussi de promesses pour le troisième millénaire…

En aviez-vous déjà conscience en 1968 ?

J'avais conscience de la portée déicide de cette aventure. Au sens du cri du Forcené de Nietzsche : « Où est allé Dieu ? s'écria-t-il, je vais vous le dire. Nous l'avons tué – vous et moi ! Nous tous, nous sommes ses assassins. Mais comment avons-nous pu boire d'un trait la mer tout entière ? Qui nous a donné l'éponge pour effacer tout l'horizon ? Que faisions-nous lorsque nous détachions cette terre de son soleil ? Vers où se meut-elle à présent ? [...] Cet événement énorme est encore en route – il n'est pas encore parvenu jusqu'aux oreilles des hommes. Il faut du temps à l'éclair et au tonnerre... » (*Le Gai Savoir*, 125.) L'affirmation par Mai 68 d'un désir absolu, d'une « jouissance sans entraves », s'inscrit dans le sillage de cette « volonté de puissance » du surhomme nietzschéen, qui n'a rien à voir avec la vulgarité des « casseurs » ou des « voyous publics », comme on l'a trop souvent fait croire. Il s'agit au contraire d'explorer la logique intime de la volonté de puissance, ou du « désir » et de la « jouissance » pour employer les termes de l'époque. Démontrer que cette volonté ou ce désir proviennent de la sensation d'un manque. Qu'ils sont intrinsèquement volonté ou désir de pouvoir. Que cette aspiration intrinsèque au pouvoir s'enracine dans la valeur accordée à la vie elle-même, pour autant qu'elle est accroissement, devenir, processus de production. Si « Dieu » était l'une de ces Valeurs-là ou leur sommation, le fait de les contester impliquait la remise en question de Dieu lui-même, c'est-à-dire du Sens figé en Valeur. L'ambition gigantesque de cette subversion n'échappait pas à certains d'entre nous. Il était question, non pas de remplacer les valeurs de la société bourgeoise par d'autres valeurs, mais de contester le principe même de la Valeur : donc, du manque, du pouvoir, de la vie comme processus de production et du travail lui-même. Par-delà le procès fait à la « société de consommation » s'esquissait un procès fait à la société et à la subjectivité productivistes : bref, à un modèle d'humanité qui avait résorbé l'idéal suprasensible (Dieu) en soi et qui, de cette immanence, se ruait dans une course effrénée aux « valeurs » et aux « objets ». En d'autres mots, les « enragés » de 68 étaient porteurs d'une transmutation de la métaphysique, d'une sorte de changement de religion ou de civilisation qui, comme tous les bouleversements (c'est ce que dit Nietzsche dans le texte cité ci-dessus), prend du temps pour arriver aux oreilles des hommes. Elle n'y arrive souvent que déformée, par exemple, sous l'aspect d'une apologie commerciale du *health sex* ou du « tout-plaisir ». Alors qu'il s'agissait d'une remise en cause ininterrompue de toutes les valeurs, pouvoirs et identités – non pas pour laisser leur place vide, mais pour esquisser un autre point de départ.

Lequel ?

Le nietzschéisme implicite des enragés me semblait devoir laisser place à la lecture de Heidegger et surtout à la sagesse freudienne. Notez bien qu'une des « retombées » de 68, du moins pour certains, fut de pouvoir relire Heidegger – par-delà la critique toujours vigilante de sa compromission avec le nazisme. Le philosophe ne condamne pas, mais prolonge la rage du « forcené » en lui ouvrant la voie de l'art (lorsqu'il entend la subversion comme vie artistique ainsi que comme « art de vivre »), comme mémoire de la pensée, et comme souci du proche. Pour moi – mais aussi pour de nombreux autres « enragés » de 68 –, ce fut cependant la découverte freudienne qui s'offrit le mieux pour moduler la subversion des valeurs en cours. N'est-ce pas chez Freud que nous retrouvons la permanence de l'interrogation en tant que révolte, mais inscrite dans la mémoire et dans les replis du langage : une intimité qui ouvre l'identité du sujet vers l'autre et vers l'Être ? N'est-ce pas chez lui qu'une reprise du judaïsme et du christianisme se fait jour, intégrant au cœur de cette transmutation des valeurs qu'est une psychanalyse la place de la limite et de la loi, que réalise anthropologiquement le père et que le « forcené » semble précisément oublier ? Car cette volonté de puissance qui aspire à « boire la mer », à « effacer l'horizon d'un coup d'éponge », à « détacher la terre de son soleil », qu'est-ce d'autre, pour les humains, sinon le désir sans merci pour et contre l'autorité du père ? La psychanalyse m'est apparue alors comme la continuation logique des ambitions métaphysiques de 68. « Nous voulons Tout ! » est un cri de désir, *et* de désir de mort à l'endroit du père. Et cette vérité proclamée par le judaïsme et le christianisme en fait des pensées indispensables à l'étape actuelle de l'histoire humaine. Le génie de la psychanalyse aura été de prendre au sérieux la puissance du désir en même temps que les vérités du monothéisme et de montrer que ces vérités constituent des conditions inévitables, et cependant modulables, de cette mise en cause des valeurs qui donne désormais son sens au désir humain.

Sur ce problème du père, ne pensez-vous pas qu'un des héritages négatifs de 68 serait de ne pas avoir négocié cette question, ce que Pierre Legendre appelle « le meurtre de la référence », soit la prétention folle à détruire l'humanité ? Cette question du père, trente ans après, ne fait-elle pas retour de manière affolée ?

Ce réquisitoire serait juste s'il était établi à partir des exploitations médiatiques de 68. En revanche, je ne vois pas quel est le domaine exact où ce meurtre de la référence paternelle aurait vraiment eu lieu. Prenons le champ analytique, puisque la psychanalyse est devenue populaire en France dans la foulée de 68 : les analystes, qu'ils soient freudiens ou lacaniens, se consacrent justement à réhabiliter le père, avant de déconstruire son pouvoir inhibant ou abusif. L'affaiblissement de l'autorité dans la famille moderne et sa décomposition conditionnent certes cette approche, à tel point que certains analystes, dont je suis, se trouvent devant la nécessité de penser et de distinguer... la figure de la mère. Car la mère n'est nullement une simple génitrice, mais assume une fonction symbolique et civilisationnelle devant laquelle notre culture s'attendrit mais préfère se taire, tellement nous sommes préoccupés de sauver le père ! Un autre exemple : à l'université, après quelques brèves flambées de « discours spontanés » et de culpabilisation des professeurs, on a eu vite fait d'instituer de nouveaux mandarins ainsi que de rétablir le « cours magistral », répondant au besoin des étudiants de se référer à des « autorités ».

La destruction générale dont on se plaint et qu'on attribue à 68 s'observe en effet, et notamment auprès des plus démunis, là où la crise économique et le chômage ont ravagé les familles. Le déploiement de la technique, les flux d'immigration, le glissement de la culture de la parole vers une culture de l'image, ont fait atterrir les ambitions sociales et métaphysiques de Mai 68 dans la misère de l'ère de l'industrialisation triomphante d'abord, puis dans celle de l'ère postindustrielle. Certaines de ces ambitions ont favorisé une extension de la démocratie, nous l'avons déjà dit. D'autres ont été perverties – notamment dans certains courants éducatifs qui ont misé sur le spontanéisme, sur l'abolition de la mémoire et l'effacement de l'interdit. Mais il ne s'agit là que d'une lecture de cette polyphonie complexe que fut Mai 68, et qui n'est ni la meilleure ni la seule possible. Nous n'avons pas fini de déchiffrer le message.

Nous reviendrons ultérieurement sur la fonction paternelle aujour-d'hui. Mais j'aimerais continuer sur le bilan de 68 et, auparavant, vous entendre sur votre expérience du féminisme. Comment avez-vous vécu la révolte des femmes pendant et après 68 ?

De manière assez douloureuse, car j'étais impliquée dès le début dans le mouvement Psy & Po, qui a créé la Librairie des femmes. À la veille de mon voyage en Chine, en 1973, ce groupe m'a proposé un contrat pour écrire mon livre, *Des Chinoises*. À la remise du manuscrit, aucune réaction. Puis, réunion houleuse, reproches de ne pas mettre en valeur l'homosexualité féminine, de signer avec le nom du père (celui du mari n'étant pas un meilleur choix aux yeux des accusatrices, j'étais perdue !), de ne pas rendre hommage à la chef du mouvement, etc. J'ai immédiatement quitté ce groupe qui me semblait aggraver les pires côtés des partis, des sectes et des mouvements totalitaires. Bien que beaucoup de femmes aient pu y trouver abri et encouragement provisoires, les scandales d'abus sexuels et de corruption ont très vite éclaté... J'ai continué cependant à réfléchir sur la condition féminine, dans la solitude ou à l'intérieur de mon travail universitaire ou clinique, mais je ne me considère pas comme une théoricienne du féminisme. Le peu que j'ai écrit sur les femmes est empirique, dispersé, en cours...

À la fin de votre livre *Les Nouvelles Maladies de l'âme* (Fayard, 1993, textes de 1979), vous appelez de vos vœux un féminisme civilisé, opposé à la guerre des sexes, soucieux d'établir des relations constructives entre les hommes et les femmes. Vous voulez, écrivez-vous, « dédramatiser la lutte à mort entre les deux sexes ». Que voulez-vous dire par dédramatiser ? Et pourquoi tenez-vous abso-lument à distinguer trois générations dans l'histoire du féminisme ?

Des suffragettes aux féministes existentialistes, le mouvement féminin à ses débuts aspire à une égalité socio-politique entre les deux sexes. La lutte pour l'égalité des salaires et des fonctions, le rejet des attributs féminins ou maternels, jugés incompatibles avec l'insertion dans l'histoire universelle, relèvent de cette logique de l'identification, d'emblée universaliste. Une deuxième phase commence avec le féminisme après Mai 68, avec un intérêt soutenu pour l'art et la psychanalyse. Les femmes se pensent qualitativement différentes de la première génération, elles sont préoccupées essentiellement par la spécificité de la psychologie féminine et ses réalisations symboliques. Elles ne veulent pas du « pouvoir » jugé « machiste », mais cherchent à donner un langage aux expériences corporelles et interpersonnelles occultées ou marginalisées par la culture antérieure. On revendique une « écriture féminine », un « langage féminin », un « cinéma féminin », etc. Un troisième temps semble s'amorcer maintenant, dans cet éveil toujours en cours des femmes sur la scène sociale et symbolique. Sans être diabolisé, le « pouvoir » est à prendre : mais est-ce pour être géré tel quel, avec le tact et l'obstination de la ménagère immémoriale ? ou bien pour être modulé selon les particularités de l'expérience féminine dans ce qu'elle a de plus complice avec l'intimité, la sexualité, le « tout proche » que sont la nature ou l'enfant ? Telles sont les deux versions – universaliste et libérale d'un côté, particulariste et inspirée de Mai 68 de l'autre – qui se dessinent dans l'actuel débat sur la « parité » et le rôle plus important des femmes que cette parité est supposée induire dans la société française. On notera aussi que la reconnaissance de la bisexualité psychique, l'intériorisation de l'autre sexe, mais aussi de l'étranger, voire du mal en soi – autant de conséquences de cette subversion de l'identité que célébra Mai 68 – conduisent à moins de militantisme féministe : moins de revendications de « femmes en tant que femmes », quand ce n'est pas à une indifférence à l'égard d'une sexualisation outrancière. Et une certaine sérénité pragmatique et digne, d'un « sacré » laïc, désabusé mais tenace, fiable, émane des plus mûres et des plus accomplies dans cette troisième génération de femmes actives.

C'est étrange. Vous semblez à la fois revendiquer totalement l'héritage de 68, son esprit de subversion, sa radicalité et, en même temps, le refuser. Vous plaidez à la fois pour la révolte et l'interdit, vous gardez de 68 la transgression et l'expérimentation culturelle, mais vous rejetez le spontanéisme et les illusions lyriques. Pourtant, trente ans après, dans vos écrits – je pense notamment à *Sens et non-sens de la révolte* (Fayard, 1996) –, vous n'avez de cesse de dénoncer l'ennui et la normalisation dont sont frappées nos sociétés. « À la place de l'interdit ou du pouvoir introuvables, écrivez-vous, se multiplient des punitions disciplinaires et administratives qui répriment, que dis-je, qui normalisent tout le monde. » Nous sommes, selon vous, ni coupables ni responsables, mais incapables de révolte. Pouvez-vous préciser ce point ?

Il n'y a pas de révolte sans interdit. Sinon, contre qui se révolter ? Nous pouvons assouplir les interdits, rendre les lois moins formalistes ou moins tyranniques – atténuer le juridisme des États-Unis, la dictature des réglementations intégristes en Iran, etc. Mais la limite et l'interdit intrapsychiques sont les conditions indispensables à l'existence et à la vie du langage et de la pensée, et les codes des démocraties modernes ne peuvent qu'en chercher les variantes sociales optimales, telles qu'elles puissent à la fois nous protéger des attaques pulsionnelles et assurer le jeu créatif des pulsions.

Ma question porte sur l'interdit : avez-vous le sentiment, aujourd'hui, que les sociétés postmodernes n'ont pas su préserver le rôle de l'interdit ?

Cette fin du XXᵉ siècle est loin d'être celle d'une société laxiste. Il existe beaucoup d'endroits au monde où l'interdit est pesant, aussi bien à l'étranger qu'en France ; il prend la forme de l'impossibilité ou de l'exclusion. Les immigrés en mal d'intégration – non seulement parce qu'on leur interdit l'accès du territoire national (une législation à la fois judicieuse et humaine est en train de se mettre lentement en place), mais parce qu'ils sont privés de certaines reconnaissances politiques et culturelles, et qu'eux-mêmes, piégés dans leurs revendications identitaires, s'interdisent ces reconnaissances ; les chômeurs – interdits de travail, interdits de gagner leur vie... Ces formes-là d'interdits sont draconiennes et n'affectent pas moins profondément les existences humaines que les interdits arbitraires que nous dénonçons aujourd'hui dans les deux totalitarismes de la modernité, le stalinisme et le fascisme.

En revanche, ces interdits-privations ou exclusions jouxtent une certaine permissivité dans le cadre familial ainsi qu'au niveau des codes moraux. Je me suis aperçue, avec d'autres analystes, que nos patients avaient changé, que nous n'observions pas exactement les mêmes malaises psychiques qu'avait diagnostiqués Freud : j'ai parlé donc de « nouvelles maladies de l'âme ». Ces nouveaux patients souffrent moins de refoulement ou d'interdits qui les inhibent que d'une absence de repères telle que leur appareil psychique ne s'est pas réellement constitué : ils ont du mal à représenter leurs conflits internes ou externes. Si la destination de l'appareil psychique est de constituer cette *camera oscura* dans laquelle s'inscrivent, se verbalisent, se symbolisent les agressions internes et externes, et qui protège ainsi le sujet de ces attaques, eh bien ! cette protection est en panne chez les nouveaux patients. Ce défaut de représentation psychique prend la forme de maladies psychosomatiques, de passages à l'acte (qui vont des actes manqués aux violences perverses, tels la pédophilie et les vandalismes sociaux) ou de toxicomanies. Ce qui ne se représente pas s'abréagit en acte violent ou bien se noie jusqu'à la destruction des organes, de la vigilance et de la vie elle-même. Quelles sont les causes de cet état de destruction de la représentation psychique ? Elles sont multiples : la solitude de l'homme moderne, dont le travail, sous sa forme automatisée et informatisée, l'isole d'une interaction affective avec les autres – pour ne le soumettre qu'aux impératifs d'une législation ou réglementation abstraite ; la destruction de la cellule familiale, dans laquelle l'absence du père ou la dévalorisation de son autorité s'accompagne d'une indisponibilité de la mère, quand ce n'est pas de sa dépression ; l'érosion des repères éducatifs et moraux, du fait du recul des religions ou de leur retour – mondain chez certains, intégriste chez d'autres –, mais qui laissent sans régulation stable l'apprentissage du propre, le dressage des sphincters, la différenciation sexuelle, ainsi que la hiérarchie sociale et les codes comportementaux qu'elle implique (la manière de se tenir à table, le respect des adultes, des vieillards, etc.). Enfin, le « nouvel ordre mondial » nous confronte à l'« autorité » fluctuante des capitaux bancaires, ou plutôt de leurs écritures virtuelles, face auxquelles l'autorité de l'homme politique est une fiction, de plus en plus caricaturale. L'autorité peut être sauvée provisoirement par les circonstances

d'une guerre et l'intégrité d'un caractère vision-
naire (de Gaulle), par une exceptionnelle habileté
culturelle et politique (Mitterrand), par une rigueur
morale (Jospin)... mais très facilement elle suc-
combe aux assauts des médias friands des faiblesses
de caractère (Clinton). *Exit* le Héros, nos leaders
ne sont pas des idoles – et qui s'en plaindra ?
Ce n'est pas Mai 68 qui a dévalorisé le pouvoir :
Mai 68 a cristallisé un phénomène en cours, en
révélant ses conséquences pour chaque individu
et pour l'ordre social.

On peut dénier cette crise, et beaucoup s'y
emploient en reléguant les « événements » dans un
archaïsme romantique. Comme si l'actuelle accal-
mie sociale, fort incertaine et forcée par la globalisation, avait résorbé la crise dont Mai 68 fut le
symptôme excessif et libérateur. Il serait plus lucide
d'y voir un symptôme en extension, et d'en chercher la thérapie. Notamment, à travers le lien trans-
férentiel : celui-ci inscrit dans la psyché du patient
la limite qu'est l'autre-analyste, et les interdits opti-
maux qu'il faut respecter pour entendre le sens de
son interprétation. Un apprentissage de l'altérité
s'ensuit, de même que de la loi, en tant que conditions intrapsychiques pour la constitution d'un
« for intérieur », d'une intimité subjective qui permet au patient d'acquérir une autonomie psychique
et seulement en conséquence une confiance, des
désirs, une capacité de contestation et de création.
Sur un plan moins personnel, la vie associative
peut être cet apprentissage du respect des interdits
souples, qui assurent à la fois la protection et la possibilité de recommencement pour chacun. Mais
aussi la fréquentation d'autres cultures, d'autres religions qui, tels certains polythéismes, semblent évi-
ter de focaliser l'interdit sur la figure du père seul,

pour les distribuer et les moduler à travers des hié-
rarchies sociales et cosmiques complexes.

**Diriez-vous que la revendication du bonheur, du plaisir, de la
jouissance fut une utopie malheureuse de 68 ?**

Nullement, ne me confondez pas avec ces esprits
chagrins qui reculent d'effroi devant l'aspiration au
bonheur, et la taxent de malheureuse utopie ! Les
romantiques ont pratiqué cette dévalorisation nos-
talgique après la Révolution, toutes les restaurations
ont suivi dans la même humeur. Arrêtons, de grâce,
et essayons d'accompagner la radicalité de la subversion ! Je vais employer un vocabulaire qui risque
de choquer, mais il peut nous permettre de prendre
la mesure du phénomène. La jouissance infinie
pour chacun à l'intersection du bonheur pour tous
– qu'est-ce d'autre sinon… le sacré ?

Ce sacré n'est pas la stabilité de la religion ni son
institution plus ou moins inhibitrice, mais cette dia-
gonale qui favorise la transition de nos besoins cor-
porels les plus impératifs dans des représentations
symboliques partageables et parfois sublimes. Cette
transition du corps au sens, du plus intime au plus
lié, passe par le désir sexuel. Et beaucoup de religions reconnaissent dans la jouissance sexuelle le
cœur de leur sacré. D'autres, comme le christianisme, ne l'avouent que par dénégation, en favo-
risant le courant d'idéalisation et de sublimation.
L'exigence de bonheur que portent toutes les révolutions des temps modernes n'a jamais été simplement une exigence de bonheur économique :
plus de pain pour les pauvres. Elle est immédiatement une revendication de liberté sexuelle et spirituelle, aménageant la jouissance privée et la
jouissance publique, et impliquant dès lors une
modification de la conception antérieure du sacré.

Un sacré qui n'est ni plus ni moins qu'un voisinage entre la satisfaction la plus singulière et les contraintes du domaine communautaire : un équilibrage entre le plaisir et le sacrifice.

La Révolution de 1789 savait que sa revendication de bonheur pour l'individu *et po*ur le peuple bouleversait le sacré antérieur, et le « nouveau régime » ne s'est pas privé de prôner une nouvelle spiritualité, traduisant ainsi maladroitement et abusivement les apologies de la passion chère aux Lumières. La misère et la terreur ont mis fin à cette révolution spirituelle. La subversion de Mai 68 s'inscrit dans la prolongation de cette mutation de l'*homo religiosus*, dont on a tort de croire qu'elle fut fixée une fois pour toutes par les étagements hiérarchisés de l'hellénisme ou du judéo-christianisme.

Avec les progrès de la technique et la satisfaction des besoins, la seconde moitié du XXe siècle a rendu possible la revendication d'un bonheur à l'infini, qui serait compatible avec la famille et la nation – à condition de les transformer. De fond en comble, plus ou moins anarchiquement, avec ménagement ? Selon. Soulignons toutefois que ceux qui veulent « jouir sans entraves » ne détruisent pas la famille et la nation pour se réfugier dans une église ou dans un temple et s'en servir comme seule et unique enclave de leur expérience intérieure. Bien que ces tendances de retour aux religions, notamment orientales, n'étaient pas absentes, le mouvement français était moins religieux que l'américain : il cherchait à réaliser la jouissance privée, non pas « en privé » ni même à l'écart du monde, dans l'extraterritorialité du religieux, mais dans le domaine public, élargi de la famille à la société et à la nation, en exigeant qu'il se rende apte à accueillir le droit à la jouissance singulière et absolue.

Le droit à accueillir la jouissance dans l'espace public, n'est-ce pas là une exigence contradictoire ?

Notons d'abord que, dans cette dialectique spécieuse, le domaine public est investi d'une connotation sacrée telle que ses critiques violentes, loin de le dévaloriser, lui font au contraire confiance dans sa capacité à pouvoir satisfaire le droit à la jouissance individuelle. Cela, à condition de se remettre violemment en cause : de s'approcher des individus et de leurs singularités. « Nous sommes réalistes, nous voulons l'impossible » : il s'agissait bel et bien de réaliser cet impossible qu'est le réel de la jouissance. C'est parce qu'elle est intrinsèquement impossible que nous réaliserons la jouissance dans la société contraignante, à condition de la soumettre à un bouleversement fiévreux et continu. S'il est exact que cet appel critique adressé au domaine public méconnaissait l'« impossible » ou les « interdits », il n'en est pas moins vrai qu'il a ouvert la voie à cet assouplissement de la rigidité sociale qui s'appelle maintenant « société civile », création de « réseaux », etc. J'inscrirais dans la même quête d'un nouveau bonheur, qui équivaut à un nouveau sacré, la déconsidération de l'*homo faber* au profit de l'*homo ludens* : autre revendication de Mai 68. C'est la première fois dans l'histoire que des êtres humains dans une manifestation collective, et non esthétique ou religieuse, se sont permis de mettre en cause la valeur absolue qu'était devenu dans le monde industriel le « travailleur ». Marx lui-même, pourtant fossoyeur réputé du capitalisme, n'alla jamais jusqu'à penser le déclin du monde du travail, sinon dans un communisme paradisiaque et hypothétique. Abolir non seulement la consommation, c'est-à-dire le marché, mais, en amont, la valorisation du travail lui-même, équivaut en effet à une transmutation sans précédent des valeurs, qui n'est pas moins radicale que l'ambition du surhomme! On peut n'y voir qu'une légèreté d'irresponsables, une « utopie », comme vous dites, d'anarchistes ou d'enfants gâtés. Plus fondamentalement, je crois, ces radicalismes de Mai 68 indiquent la conscience obscure d'une mutation de l'essence de l'homme, la recherche d'autres formes de sacré (au sens d'un réglage entre le corps et l'âme, entre le privé et le public, que j'ai suggéré tout à l'heure). Les trente années qui ont suivi ces manifestations les ont recouvertes ou obscurcies, mais elles sont toujours là, les crises de la société postmoderne en portent témoignage, et la globalisation est loin d'en apporter la solution optimale.

Je ne comprends pas très bien le lien que vous établissez entre bonheur et marché. Les loisirs ne sont-ils pas, une fois sur deux, une forme d'abrutissement qui, au nom de la culture de masse, produit un asservissement des consciences ?

Où voyez-vous ce lien ? Je vous parle de sacré, vous me parlez de marché! Le bonheur-jouissance est antinomique au bonheur compris comme satisfaction des besoins de consommation; c'est même une des caractéristiques principales de Mai 68, dont beaucoup lui reprochent son malheureux irréalisme! La revendication fut celle d'un sacré – non d'une opulence –, et elle reste vivante sous les apparences technocratiques et automatisées du nouvel ordre mondial, elle alimente la ruée vers les sectes. Cette revendication fut trop brutale, trop précoce ? On n'avait pas encore pris conscience des risques que l'industrialisation forcenée faisait courir à l'écologie ? Ni que le besoin des masses pauvres d'acquérir des biens de consommation leur rendrait le « marché » plus désirable que la « jouissance de la liberté » ? Certes, mais trente ans après, on commence à limiter la durée du travail, certains parlent d'« horreur économique », on accorde de plus en plus d'intérêt aux loisirs. Ces derniers sont-ils abrutissants ? la culture de masse est-elle un asservissement ? Parfois, pas nécessairement, et il ne dépend que des acteurs de ces initiatives de résister au consumérisme et de faire des loisirs de masse des lieux de plaisir, mais aussi d'éveil et de questionnement. « Le bonze est idiot, mais éducable », dit le proverbe chinois. Les « masses », comme vous dites, ne le sont pas moins, ne désespérons pas Internet.

Pensez-vous que la révolte de la jeunesse et des ouvriers en 1968 puisse faire l'objet d'une transmission ? L'esprit de 68 appartient-il, selon vous, à la tradition révolutionnaire française ou bien est-il simplement un sursaut propre à la génération des baby-boomers ?

En préparant mon cours sur Hannah Arendt, je me suis aperçue qu'elle réagit fort peu aux événements de Mai 68 : en réponse aux lettres scandalisées de Mary McCarthy, qui semble très hostile à tant de désordre prétentieux, Arendt, préoccupée par l'état de santé de son mari, s'intéresse néanmoins à Daniel Cohn-Bendit, fils d'amis très proches, et souhaite le contacter. Dans son *Essai sur la Révolution* (Gallimard, 1963, traduction française 1967), Hannah Arendt se montre très critique à l'égard de la Révolution française, de son populisme terroriste, préférant le légalisme de la révolution américaine. Et pourtant, dès le début de son texte, elle ne manque pas d'écrire ceci, qui semble en contradiction avec son image de « libérale », voire de critique farouche de la Révolution française : « Il y a fort à parier que l'esprit de la Révolution française va survivre et que, dans les siècles qui viennent, c'est lui qui aura raison. » Cette phrase résonne bizarrement à l'unisson avec les propos de quel-

qu'un dont Hannah Arendt ne se privait pas de
dédaigner les positions politiques, Jean-Paul Sartre
lui-même, lequel déclarait : « On a raison de se
révolter. » En effet, par des chemins tout à fait
différents, Hannah Arendt et Jean-Paul Sartre
affirment ce que j'essaie de soutenir dans mes ré-
flexions sur la révolte (*Sens et non-sens de la révolte*,
Fayard, 1996 et *La Révolte intime*, Fayard, 1997) :
la révolte est indispensable à la vie psychique autant
qu'au lien social, pour autant qu'il reste vivant et ne
se contente pas de se laisser gérer. C'est ce que nous
percevons comme un « sacré » et qui assure la possibilité de « survie », dit Arendt, d'un groupe
humain, peut-être de l'être humain lui-même.

> Il y a un passage que j'aime beaucoup dans *On a raison de se
> révolter*. Je le résume rapidement : Philippe Gavy demande à
> Sartre pourquoi il persévère dans l'écriture de son *Flaubert* plu-
> tôt que de descendre dans la rue et d'écrire de la littérature popu-
> laire. Sartre répond que ça sert à penser. Gavy continue sa charge
> et lui demande alors ce que signifie penser. Et Sartre répond :
> « Penser, c'est ne pas être dans le mouvement. »

On est d'accord : penser, c'est se révolter, être dans
le mouvement du sens et non de la rue...

> Est-ce qu'une des apories ou contradictions de l'héritage de 68 n'a
> pas été celle-ci, à savoir que ceux qui étaient dans le mouvement,
> comme disait Sartre, sont aussi devenus pour la plupart des diri-
> geants ? (C'est le thème de *Génération*, le livre de Hamon et
> Rotman.) Ils sont directeurs de journaux, chefs de publicité, avo-
> cats, etc. Cette contradiction-là, que Sartre note d'emblée de façon
> très ironique, lui qui était obsédé par ce qu'étaient devenus les
> « jeunes hommes de 1848 », n'est-elle pas un peu notre héritage ?

Il me semble que Sartre s'est laissé finalement inti-
mider par Gavy ou d'autres : tout en continuant son
Flaubert, mais comme une dissection mi-amoureuse

mi-dénonciatrice de l'écrivain, il a cessé d'écrire. La fiction, l'activité imaginaire, lui apparaissent depuis *Les Mots* comme une névrose dont on peut se débarrasser, notamment en choisissant de se mettre au service de la cause du peuple. C'est dommage pour Sartre – l'écriture romanesque peut être source de vigilance et d'analyse permanente, tandis que les engagements les plus généreux risquent d'assoupir, même un nauséeux comme Sartre ; c'est dommage pour le peuple aussi, qui me semble mieux « servi » par *La Nausée* que par la *Critique de la raison dialectique*. Quant aux dirigeants de Mai 68 qui sont devenus cadres supérieurs, cela ne prouve que la difficulté de l'exigence qu'ils avaient annoncée : le sacré n'est pas compatible avec la robotique, mais, après tout, que savez-vous de leur expérience personnelle, fussent-ils « cadres dirigeants » ? Par ailleurs, je vous ferai remarquer que c'est aussi la génération 68 qui a favorisé en France une philosophie post-heideggérienne développant la pensée du questionnement et de la déconstruction, à l'encontre de la pensée-calcul ; qu'elle a fait l'expérience de la psychanalyse et l'a introduite aussi bien dans les sciences humaines qu'assez largement dans la pratique de la santé mentale ; qu'elle s'est impliquée dans l'étude de l'anthropologie, des sociétés dites sauvages, mais aussi de la Chine, du monde arabe, du judaïsme, etc. Autant d'investigations qui ne relèvent pas forcément du conformisme…

Comment cette idée neuve qu'est le bonheur pour toute révolution a-t-elle pris une forme spécifique en 1968 ? N'y avait-il pas, alors, dans cette revendication du bonheur collectif, une sorte de mythe communautariste, un fouriérisme de seconde zone ?

J'ai déjà abordé cette question. Le souci de joindre la jouissance privée au bonheur public n'est pas nécessairement du communautarisme. Il répond au besoin de liens, qui, avec la reconnaissance des interdits, est une condition de la vie psychique. La résurgence des religions et des sectes traduit cette constante anthropologique, quelles qu'en soient par ailleurs les manipulations perverses. Mai 68 a été en avance là aussi, en manifestant sous la forme d'un excès la crise de l'*homo religiosus*, qui se poursuit et ne trouvera peut-être pas de résolution stable, comme on en a connu dans le passé. Avec cette particularité que, dans le mouvement français, l'expérience sexuelle fut réfléchie, analysée, théorisée à partir du matérialisme des Lumières et de la psychanalyse. Et cette approche a favorisé un sacré laïc, une sorte d'athéisme radical, qui est peut-être la seule forme non vulgaire et non dogmatique de l'athéisme : un épuisement de la transcendance à partir d'elle-même, par la parole libérée dans l'érotisme. Je pense moins à Fourier qu'à Georges Bataille.

Ce besoin d'absolu que vous évoquez est un thème arendtien. Est-il caractéristique de 68 ou de toute révolution ?

Arendt a vu l'absolu des révolutions du XVIIIe siècle se manifester sous la forme d'une coupure radicale avec le passé : la liberté pour tous est une idée inconnue avant la Révolution de 1789, et elle inscrit dans le cours de l'histoire politique et sociale l'événement chrétien par excellence qu'est la « naissance », le « commencement », le « re-nouveau », dont Kant a montré qu'il constitue l'essence de la Liberté en tant qu'« autocommencement ». Arendt aurait pu dire avec Condorcet que « le mot révolutionnaire ne s'applique qu'aux révolutions qui ont la liberté pour objet ». Elle pensait cependant que la révolution (en particulier la Révolution française) a substitué au combat pour la liberté la nécessité de bonheur économique, et que cette soif des pauvres d'acquérir des biens matériels fut une entrave à la liberté qui entraîna l'échec de la Révolution. La philosophe sous-estimait, me semble-t-il, le fait qu'en France, plus qu'ailleurs, le « bonheur » ne signifie pas seulement se débarrasser de la pauvreté économique, mais accéder à l'art de vivre, cultiver l'érotisme et le goût, épanouir la chair et l'esprit. Cela s'appelle jouir. Et que, de surcroît, cette jouissance doit être possible non seulement en famille, dans l'entreprise ou à l'église – espaces certes prisés mais pas tant que ça –, mais cette jouissance peut et doit s'accomplir dans la cité. Voilà une particularité qui fait des Français les modernes les plus proches de l'idéal grec : s'épanouir sur la place publique !

La crise de Mai 68 n'est nullement étrangère à cette tradition, mais elle y ajoute deux traits paroxystiques inattendus : d'une part, l'infini du désir singulier, et le pari qu'il est compatible avec le bonheur des autres ; d'autre part, la récusation de la société elle-même en tant que stabilité productrice, économie, « management ». Vous notez que je parle de la « crise » de Mai 68 et non pas de la « révolution » de 68. L'acte ponctuel de la révolution a toujours eu besoin de se donner des institutions qui la réalisent dans la durée, et finissent par la trahir : soit la Terreur française et russe, soit le légalisme américain.

Avec Mai 68, cette logique est entrée dans une autre phase : celle de la subversion continue, de la dissémination de la révolte. Le terme de « crise permanente » lui convient mieux, parce qu'il suggère aussi bien ses erreurs que ses échecs et ses recouvrements. Mais il indique également que cette révolte est historiale : elle concerne l'histoire monumentale des mentalités, et non pas exclusivement l'histoire linéaire des régimes politiques et des modes de production ; qu'aucune institution ne peut la réaliser, mais que nous sommes entrés dans l'ère de la remise en cause continue des identités et des institutions. « La révolution, comme la vie qu'elle annonce, est à réinventer », lit-on dans une publication de Mai 68 (*De la misère en milieu étudiant*). Dans cette « phraséologie », j'entends la perception d'un processus vital, ininterrompu. Que confirme, d'ailleurs, sur un registre déculpabilisé et ludique, l'usage fréquent du mot « jeu » : « s'adonner au jeu de la révolution » par l'autogestion...

« Je me révolte, donc nous sommes », c'est ainsi que Camus formulait la version moderne du *cogito*, celui de l'épreuve quotidienne. Il entendait par là la nouvelle solidarité acquise par la conscience du mal-être et par la subversion des valeurs stables : d'où le « nous ». Mais « nous sommes » paraît bien apaisé, bien définitif au regard de cette révolte qui ne fait que suivre son cours. Disons plutôt : « Je me révolte, donc nous sommes à venir. » Si nous ne préservons pas cette ouverture, cet indéfini de la révolte que manifeste Mai 68, il ne nous reste qu'à nous soumettre à la toute-puissance du calcul et de la gestion perpétuant la fin de l'histoire.

La revendication du bonheur public en 1968 ne vous paraît-elle pas aujourd'hui excessive ?

Il est de mode en France de déconsidérer le domaine public. Évidemment, nous savons tous combien les écoles peuvent être en retard sur les vrais besoins de la société, les hôpitaux sur la modernisation des soins et des services, Air France sur la compétitivité des prix, etc. Il est urgent de moderniser le domaine public, pourquoi pas en le privatisant ? La vraie question n'est pas là. Il se trouve que la France a forgé un mythe du public qui semble être un des rares – sinon le seul – héritiers du « public », au sens grec du terme : non pas du social-économique qui se destine à gérer la production de ce qui fut jadis la scène familiale, mais de cet ensemble suprafamilial qu'est la nation et qu'est en train de devenir l'Europe. Ce public-là permet de s'affranchir des limitations familiales, mais aussi de la logique de l'entreprise qui commence par protéger et stimuler, et finit par enfermer dans les seules contraintes de l'offre et de la demande. Ce public-là est à la fois un ascenseur social et un recours en cas de détresse et de dépression. Je ne vois pas en quoi cette importance du public en France serait une conséquence de 68, il est la conséquence de l'histoire nationale, le fondement de la confiance républicaine. J'ai assisté récemment à un débat sur le service public à l'intérieur d'un de nos services publics des plus importants. Quelle ne fut pas ma surprise de constater que ses « serviteurs » étaient les dénigreurs les plus acharnés du domaine public ! Était-ce par souci de l'améliorer, ou bien exprimaient-ils une dépression bien nationale, aussi bien privée que publique ? Non, je ne partage pas votre méfiance à l'égard du public. Au contraire, y compris dans le développement inconsidéré comme vous dites du droit, on peut déceler un appel pour un renouveau du... politique : plus équitable, tenant compte de la singularité de chacun, mais n'abandonnant pas ce chacun à sa solitude ; au contraire, lui témoignant générosité, reconnaissance ou pardon. Qu'on cherche cette réponse-reconnaissance non pas dans un temple, ou simplement sur son lieu de travail, mais sur la place publique, n'est-ce pas un signe de la vitalité du lien ? puisque nous confions ce que nous avons de plus sacré aux institutions publiques ! Si danger il y a, il réside non pas dans le culte du public comme tel, mais sans doute dans le formalisme excessif de la jurisprudence, par exemple ; et dans l'hésitation à moderniser le secteur public, à l'associer au privé, à l'international, aux nouvelles techniques... Tous ces ajustements peuvent aller de pair avec la réhabilitation de la vie publique, si l'on entend par là une vie politique de contestation et de questionnement permanent. Cela, c'est dans l'esprit de 68. Et la société française y est très sensible, peut-être plus que d'autres, ce qui est la preuve de sa maturité, nullement de son archaïsme. « Je me révolte, donc nous sommes... à venir. »

Pourquoi la France, pourquoi la nation ?

Pourquoi la France, pourquoi la nation ?

« Nulle part on n'est plus étranger qu'en France. N'ayant ni la tolérance des protestants anglo-saxons, ni l'insouciance poreuse des Latins du Sud, ni la curiosité rejetante autant qu'assimilatrice des Allemands ou des Slaves, les Français opposent à l'étranger un tison social compact d'un orgueil national imbattable [...]. Et pourtant, nulle part on n'est mieux étranger qu'en France. Puisque vous restez irrémédiablement différent et inacceptable, vous êtes objet de fascination : on vous remarque, on parle de vous, on vous hait ou on vous admire, ou les deux à la fois », écrivez-vous dans *Étrangers à nous-mêmes* (Fayard, 1988). Vous sentez-vous encore, plus de trente ans après votre arrivée à Paris, étrangère en France ?

Bien sûr. Situation paradoxale, car je suis accueillie à l'étranger comme l'une des représentantes de la culture française contemporaine, tandis qu'en France je suis et je resterai toujours une étrangère. C'est normal : question de langue, de mentalité, peut-être d'une certaine marginalité personnelle, que les écrivains ont toujours revendiquée, avec Mallarmé : ne souhaitait-il pas écrire « un mot total, neuf, étranger à la langue » ?

Pourquoi ne vous a-t-on pas entendue ni lue au moment de l'affaire des sans-papiers, qui n'est d'ailleurs pas terminée à l'heure actuelle ? Le droit des étrangers, à défaut d'un droit des migrants, respectueux et ouvert, c'est quand même un peu votre domaine ?

Parce que je ne signe pas de pétitions depuis longtemps. J'estime qu'un psychanalyste peut faire apparaître certains aspects de sa vie personnelle dans ses écrits, car nous analysons avec l'ensemble de notre personnalité. Et que, de surcroît, les « nouveaux patients » souffrent d'une véritable extinction de la curiosité psychique que l'expérience imaginaire de l'analyste peut éveiller, ouvrir au véritable travail ultérieur de démontage interprétatif. Au contraire, la prise de position politique peut être reçue comme une inhibition de la liberté de l'analysant, frein et censure de sa propre biographie. Quand il m'arrive de m'exprimer en politique, comme ici avec vous, j'essaie de nuancer : ce qui est impossible « à chaud », en militant. Par ailleurs, autant je suis sensible à la détresse des immigrés, autant je considère qu'il n'est pas souhaitable de donner l'impression illusoire qu'une intégration est possible pour tous les demandeurs.

> **À l'heure actuelle (février 1998), le mouvement des sans-papiers est quasi isolé, même si des foyers de revendication restent actifs. La circulaire Chevènement a laissé croire aux étrangers africains qu'ils pouvaient, en s'inscrivant sur les listes préfectorales, obtenir gain de cause. Environ 160 000 d'entre eux demandent à être régularisés. Personnellement, je pense que, en tant que travailleurs exerçant en France depuis des années, ils devraient l'être. Et vous, qu'en pensez-vous ?**

La situation de chacun est examinée actuellement avec soin, semble-t-il, et je n'ai aucune raison de mettre en doute l'intention de Jean-Pierre Chevènement de régulariser ceux qui travaillent depuis des années et qui répondent aux critères admis par la majorité des Français.

> **Proust, écriviez-vous dans *Le Temps sensible* (Gallimard, 1994), est de tous nos romanciers celui qui a le mieux analysé le clanisme de la société française. Il a, selon vous, touché « le fond du fond du jeu social ». Que vouliez-vous dire par là ?**

Proust était très sensible aux « clans » qui constituent la société française : il en a terriblement souffert, tout en cherchant à « en être ». Il fut le premier à formuler ce diagnostic drôle et insupportable : les Français ont transformé la devise de Hamlet « être ou ne pas être » en « en être ou ne pas en être ». Une restriction métaphysique, en somme, que compenserait la lucidité sociale ? Mais que de mondanités, de stratagèmes militaires et de pantomimes versaillaises pour se faire accepter, ou tout simplement exister, travailler, faire reconnaître son œuvre ! Jusqu'à la fin de sa vie, Proust a cherché à séduire les divers clans, à s'approprier l'hypnose sociale. Ce dandy « fin de siècle » est de ce point de vue le premier écrivain qui ne se dérobe pas à la « société du spectacle » – celle des salons, des salles de rédaction, des maisons d'édition, bientôt de la télévision... Son attitude pendant l'affaire Dreyfus fut très significative. Il a défendu le capitaine jusqu'au jour où il s'est aperçu que les dreyfusards eux-mêmes formaient une confrérie à part, qui n'était pas moins corruptible, et qui avait en plus le défaut anticlérical de vouloir fermer les cathédrales ! Proust se méfiait de tous les clans, qu'ils fussent mondains, littéraires, politiques ou sexuels. « Laissons pour le moment de côté ceux qui [...] cherchent à faire partager leur goût, le font [...] par zèle d'apostolat, comme d'autres prêchent le sionisme, le refus du service militaire, le saint-simonisme, le végétarisme et l'anarchie », écrit-il dans *Sodome et Gomorrhe*. Contre le groupe et le réflexe grégaire, il s'agira surtout de ne construire que des fugues, des « impressions » surprenantes, cruelles et ridicules, qui sont les dissolvants les plus actifs des accolements claniques. Telles sont les conditions de cette expérience singulière qu'est l'écriture : quête du « pur temps incorporé », du « livre intérieur ». Non pas au-dessus des clans ni sans les clans, mais à travers eux, dans la marge, pour en témoigner. « Chaque événement, que ce fût l'affaire Dreyfus, que ce fût la guerre, avait fourni d'autres excuses aux écrivains pour ne pas déchiffrer ce livre-là, ils voulaient assurer le triomphe du droit, refaire l'unité morale de la nation, n'avaient pas le temps de penser à la littérature » (*Le Temps retrouvé*). Cette ironie, distante et impliquée à la fois, instille dans les textes de Proust une lucidité douloureuse sur les cercles mondains, les salons, les classes sociales, et l'a rendu exceptionnellement attentif aux réflexes de chapelle qui somnambulisent les individus.

Proust est-il à ce point exceptionnel ?

Proust est unique, peu d'écrivains après lui ont osé non seulement l'imiter, mais même le commenter ! Il impressionne toujours, quand il ne fait pas peur. Certains continuent à le déconsidérer : on le traite de « petit Marcel », on l'accuse d'avoir poétisé, donc tué, le roman français ! Quels sont les grands écrivains ultérieurs à lui rendre hommage ? Mauriac, Bataille – attirés par le mystique et le blasphémateur ; Blanchot, qui détecte le « vide » dans la cathédrale de la *Recherche*... Non, il n'y a pas foule. Céline, lui, est fasciné ; mais pour mieux rejeter un rival qui n'aurait écrit qu'en « franco-yiddish »...

Diriez-vous de la société française d'aujourd'hui qu'elle est aussi clanique que celle du début du siècle ?

Oui, et je précise pourquoi. La France est un des pays pour lesquels l'unité nationale est une réalisation historique essentielle qui prend les allures d'un culte ou d'un mythe. Bien sûr, chacun appartient à sa famille, au clan de ses amis ou de sa profession, à sa province, etc., mais il existe une cohérence nationale ancrée dans la langue, héritière de la monarchie et des institutions républicaines, enracinée dans l'art de vivre et dans cette harmonisation des coutumes partagées qu'on appelle le goût français. Le monde anglo-saxon est un monde familial. En France, la famille est un refuge essentiel, certes, mais c'est ici que Gide a pu dire : « Familles ! je vous hais ! » Il existe une enveloppe métafamiliale qui n'est ni la Reine ni le Dollar, mais la Nation. Montesquieu l'a dit une fois pour toutes dans *L'Esprit des lois* : « Il y a deux sortes de tyrannie : une réelle, qui consiste dans la violence du gouvernement ; et une d'opinion, qui se fait sentir lorsque ceux qui gouvernent établissent des choses qui choquent la manière de penser de la nation. » Cette « manière de penser de la nation » est une donnée politique partout, elle est une fierté et un facteur absolu en France. Qu'elle puisse dégénérer en nationalisme frileux et xénophobe, nous en avons maints témoignages dans l'histoire récente. Mais qu'on n'en tienne pas compte est pour le moins une légèreté. Plus encore, cette cohérence aime à se fragmenter : des réseaux, des sous-ensembles, des clans tous plus captieux les uns que les autres, en rivalité entre eux, engendrent aussi bien une belle et amusante diversité qu'une pernicieuse cacophonie. Chamfort l'avait déjà constaté : « En France, il n'y a plus de public ni de nation, par la raison que de la charpie n'est pas du linge. » Le moins qu'on puisse dire, c'est que la charpie n'a pas diminué sous la Ve République, les différents partis en savent quelque chose !

Proust a bien décrit tout cela : les Verdurin, les Guermantes, les cercles professionnels, les cercles sexuels… Autant de métafamilles pour commencer libératrices, qui autorisent l'éclosion des talents et des vices, l'essor de l'art, de la liberté des mœurs, du débat politique, mais qui se referment tout aussi vite pour exclure celui qui ne se soumet pas à la règle du clan : le trop personnel, le trop libre,

le trop créatif. L'artiste, le juif, l'homosexuel...
Telle est la logique sadomasochiste du clanisme :
on vous aime tant que vous êtes des nôtres, on vous
pourchasse si vous êtes vous-même. Il est impossible de « faire un pas hors du rang » (Kafka),
« la société est fondée sur un crime commis en
commun » (Freud). Proust est un kafkaïen et un
freudien, mais drôle : il n'exhibe pas trop son cha-
grin, il n'établit pas de protocole thérapeutique, il
ne s'isole même pas dans la solitude ou dans « l'art
pour l'art ». Il joue le jeu pour mieux en rire... Rire
du clan, de la société, de soi-même...

**Hors du social, point de salut. Nous ne pouvons, à l'inverse des
Américains, renaître dans le désert...**

Pas de salut hors du social ? Je ne dirais pas cela,
car il faudrait ajouter que nous créons d'emblée des
clans, des joueurs apparaissant pour mettre à
l'épreuve l'humour et l'endurance des autres, de la
société elle-même... Les Français veulent tous être
des joueurs comme d'Artagnan : rien à voir avec
le joueur tragique de Dostoïevski ni avec les
conquérants protestants chassant Moby Dick, et
gérant leur conserverie la Bible à la main...

**« La France, éternellement, sera en état de dialogue. Je doute, je
sais, je crois, ôtez une de ces trois assertions et la France s'ef-
fondre », disait Jean Schlumberger. Ne trouvez-vous pas qu'aujourd'hui le dialogue entre les Français est quelque peu grippé ?**

Le dialogue à la française n'est pas destiné à établir un consensus, mais à surprendre, à révéler, à
innover. Cela peut paraître déconcertant, et je l'ai
souvent éprouvé moi-même après une conférence,
par exemple. Les auditeurs français prennent la
parole pour dire que, non seulement ils font bien
mieux que vous, mais qu'ils font tout autre chose.

« Et si on parvenait à prendre au sérieux les demandes populaires de mieux répartir la richesse nationale... et mondiale ?

Les Américains, au contraire, posent de vraies questions, ils veulent savoir des vérités fondamentales, du genre si vous croyez à l'immortalité. Je commence par préférer la curiosité naïve des Américains, mais à la longue je me laisse séduire par le dialogue de sourds à la française, qui fait surgir des personnalités insolentes et souvent intéressantes. Et puis, vous savez, la psychanalyse nous révèle qu'il n'y a pas de dialogue : rien que des confrontations de désirs, de rapports de forces. De ce point de vue, les Français sont peut-être plus mûrs, moins dupes que d'autres.

Cela dit, l'espace politique est destiné à harmoniser ces désirs conflictuels, ces rapports de forces incompatibles. Cet équilibrage est-il plus défaillant en France que dans d'autres pays ? Franchement, je ne le crois pas. Les Français aiment paraître : se montrer, manifester, faire partager leurs états d'âme et de porte-monnaie sur la place publique. En même temps, cette exhibition du mal-être ne culmine pas dans une apothéose des médias : on n'y croit pas beaucoup, on s'en méfie et on s'en moque. On est impressionné par eux, bien sûr, mais on ne se laisse pas embrigader dans un Monicagate ou dans un procès O. J. Simpson. Bien qu'ils aiment le spectacle, les Français se moquent de la théâtralisation.

Quant à la fierté nationale, elle peut devenir arrogance poujadiste et paresse d'entreprendre : les Français boudent l'Europe et le monde, et se contentent de cultiver la tradition en guise de consolation. Mais elle présente aussi des aspects qui sont de véritables atouts dans cette ère postindustrielle. Pour ce « peuple », celui de Robespierre, de Saint-Just et de Michelet, la pauvreté n'est pas une tare : le « peuple toujours

malheureux », disait Sieyès ; « les malheureux
m'applaudissent », se félicitait Robespierre ; « les
malheureux sont la puissance de la terre »,
concluait Saint-Just. Comment voulez-vous que les
smicards et autres RMistes n'élèvent pas la voix ?
Davantage que dans d'autres pays, ils éprouvent
en outre un sentiment de supériorité d'appartenir
à une civilisation prestigieuse. Pour rien au monde
ils ne la troqueraient contre les appâts de la globalisation. Dommage, diriez-vous, les Français
restent peu entreprenants et peu compétitifs.
Même nos étudiants hésitent à poursuivre leurs
études à l'étranger, alors que nous avons en
échange beaucoup d'étudiants étrangers, désireux
de venir s'initier aux enseignements français. Mais
beaucoup commencent à se rendre compte de ce
déséquilibre, et essaient de remédier à ce retrait.
En revanche, ce sens de la dignité, déculpabilisant
la pauvreté et valorisant la qualité de la vie,
devient de nouveau une perspective séduisante
pour les peuples en voie de développement, ainsi
que pour ceux du monde industriel qui se sentent
oppressés par la robotisation, les horaires inhu-
mains, le chômage, l'absence de sécurité sociale,
etc. Évidemment, lorsque cette personne fière
d'elle-même et exigeante qu'est le « peuple »
s'adresse aux pouvoirs publics, le dialogue que
vous souhaitez tourne en épreuve de force. Mais
je ne pense pas pour autant que les rouages soient
bloqués. Et si, au contraire, on parvenait à prendre
au sérieux les demandes populaires de mieux
répartir la richesse nationale... et mondiale ? Ce
serait un précédent qui ne laisserait pas indifférents
les autres pays...

Je vous trouve optimiste, car c'est très souvent le théâtre qui domine aux dépens de véritables enjeux intellectuels qui sont masqués...

Moi, je vous trouve pessimiste et quelque peu francophobe. Dans quel autre pays trouvez-vous des enjeux intellectuels plus fondamentaux et moins masqués ? Voyons ! Pour ne vous parler que de mon domaine : nous avons ouvert un débat sur la psychanalyse moderne, ses rapports avec les neurosciences et la politique, qui n'existe dans aucun autre pays ; je rentre d'une conférence à Toulouse où huit cents personnes sont restées de 18 heures à 23 h 30 discuter du roman policier et des nouvelles maladies de l'âme – posant des questions passionnantes sur la littérature, la santé mentale, l'évolution de la famille... Décidément, je ne trouve les Français ni endormis ni théâtraux.

Oui, mais cela n'explique-t-il pas une réelle absence de perspective historique dans les débats contemporains ?

Les grandes perspectives historiques, aussi bien que les grandes contestations, sont tributaires de l'époque, et on ne peut pas demander à une société postindustrielle globalisée de suivre les modèles des deux derniers siècles. La logique dichotomique des grands hommes et des maîtres à penser qui se lèvent contre l'obscurantisme et le pouvoir pour annoncer des lendemains qui chantent cède à une complexification. Inutile de chercher un Sartre contre un de Gaulle, un Voltaire contre le roi. Dans notre époque de transition et de crise endémique, ce qui compte ce sont plutôt les questions que les réponses. La vérité de la « perspective historique » serait, comme dans une analyse, de laisser venir les nouvelles interrogations, au lieu de proposer des solutions aux angoisses de l'analysant. La révolte moderne ne prend pas nécessairement la forme d'un choc entre interdit et transgression, ouvrant vers des promesses sûres ; la révolte moderne prend la forme de l'épreuve, du tâtonnement, de l'apprentissage sur le tas, de l'ajustement analogique et patient, du réseau indécidable... Ce qui n'empêche pas que, pour satisfaire le besoin psychologique d'idéal et de séduction, des idéologies prospectives ne se mettent pas en scène. Mais nous savons de mieux en mieux les mettre à leur juste place... de comédiennes du Spectacle.

Quelles sont les pistes ?

La nation, par exemple, que l'on ne doit pas laisser au Front national. C'est un commun dénominateur dont beaucoup de gens ont besoin, et dans lequel il nous reste à trier le meilleur du pire. L'idée de peuple est à protéger de ses dérives poujadiste et lepéniste, mais à sauvegarder comme garante de la générosité et d'une civilisation de la jouissance aux antipodes de la globalisation neutralisante.

Comment expliquez-vous justement la dimension nouvelle que prend la nation aujourd'hui ?

Je vais m'appuyer sur la psychanalyse pour vous répondre. La dépression des individus est l'une des maladies les plus fréquentes du siècle, et tout particulièrement en France. Une statistique récente a montré que notre pays est l'un de ceux où la mortalité par suicide est la plus forte au monde : en quatrième position en Europe, après la Finlande, le Danemark et l'Autriche (on ne compte pas, évidemment, l'ex-bloc soviétique et la Chine). Les causes d'une dépression sont complexes : blessures narcissiques, carences de la relation maternelle, absence d'idéaux paternels, etc. Toutes conduisent le sujet déprimé à déconsidérer les liens : les liens du langage pour commencer (le déprimé ne parle pas, il « ne croit pas » à la communication, il s'enferme dans le silence et les larmes, l'inaction et l'immobilité), les liens de la vie pour finir (le culte de la mort et le suicide s'ensuivent). On repère de plus en plus aujourd'hui que la dépression individuelle est aussi l'expression d'une détresse sociale : perte de travail, chômage de plus ou moins longue durée, humiliation professionnelle, pauvreté, absence d'idéaux et de perspectives.

De même, nous constatons que, au-delà des individus, la France vit aussi une dépression nationale, analogue à celle des personnes privées. Nous n'avons plus l'image de grande puissance que de Gaulle avait reconquise : la voix de la France se laisse de moins en moins entendre, elle a du mal à s'imposer dans les négociations européennes et encore moins dans la compétition avec l'Amérique. Les flux migratoires ont créé les difficultés que l'on sait, et un sentiment plus ou moins justifié d'insécurité, voire de persécution, s'installe. Les idéaux ou perspectives clairs et faciles, comme en fournissaient les idéologies démagogiques mais non moins séductrices, ne sont plus de mise. Le pays, dans ce contexte, ne réagit pas autrement qu'un patient déprimé. La réaction première du déprimé est de se retirer : on s'enferme chez soi, on ne sort pas de son lit, on ne parle pas, on se plaint. Beaucoup de Français déconsidèrent la vie communautaire et politique, n'agissent plus, gémissent.

Que deviennent alors l'arrogance patriotarde, les cocoricos bien connus, qui sont aussi de tradition et qui font que les Français méprisent facilement les autres, préfèrent oublier le monde et ne veulent pas se déranger pour entreprendre – par excès d'assurance ? Aujourd'hui cette vantardise s'accompagne d'autodépréciation, quand elle ne cède pas à la dévalorisation. D'ailleurs, le déprimé est une personne aux idéaux tyranniques, et c'est bien son surmoi draconien exigeant la perfection supposée méritée et due qui, en profondeur, commande la dépression. J'ai formulé cette hypothèse en 1990, dans une *Lettre ouverte à Harlem Désir* (Éd. Ramsay). Depuis, ce malaise a subi des hauts et des bas, et nous avons touché le fond avant la « dissolution » de 1997. On observe cependant, après les élections qui ont suivi, accompagnées d'une reprise économique en cours ou promise, que l'humeur des Français s'améliore. Les latences dépressives n'ont pas disparu pour autant.

Que fait l'analyste face à un analysant aussi déprimé ?

Il commence par rétablir la confiance en soi : par restaurer l'image propre ainsi que la relation entre les deux protagonistes de la cure, pour que la parole redevienne féconde et qu'une véritable analyse critique du mal-être puisse avoir lieu. De même, la nation déprimée nécessite une image optimale d'elle-même, avant d'être capable d'effort pour entreprendre une intégration européenne, par exemple, une expansion industrielle et commerciale ou un meilleur accueil des immigrés. Il ne s'agit pas de flatter les Français ni d'essayer de les bercer d'illusions sur des qualités qu'ils n'auraient pas. Mais l'héritage culturel de la nation, ses capacités esthétiques autant que techniques et scientifiques – malgré toutes les critiques, ô combien justifiées ! – ne sont pas suffisamment mis en valeur, notamment par les intellectuels, toujours prompts à exceller dans le doute et à pousser le cartésianisme jusqu'à la haine de soi. « Les nations, comme les hommes, meurent d'imperceptibles impolitesses », écrivait Giraudoux. Je me demande si notre générosité tiers-mondiste et cosmopolite ne nous a pas entraînés, souvent, à commettre d'imperceptibles impolitesses qui contribuent à aggraver la dépression nationale. Il est temps de la soigner. Car, si le déprimé ne se suicide pas, il trouve un soulagement à son mal dans la réaction maniaque : au lieu de se déprécier, de se ralentir ou de s'enfermer dans l'inaction, le déprimé se mobilise pour s'engager dans des guerres, forcément saintes, et pourchasser un ennemi, de préférence imaginaire. Vous avez reconnu le Front national, et les intégrismes.

> La nation, disait Renan, « est un plébiscite de tous les jours comme l'existence de l'individu est l'affirmation perpétuelle de vie », la nation est une unité historique plus ou moins conflictuelle. Faire ressortir ces conflits n'est pas chose aisée pour les individus que nous sommes.

Je vous ai fait remarquer que les « nouvelles maladies de l'âme » que rencontre la psychanalyse contemporaine témoignent d'une carence dans l'élaboration des conflits psychiques : au point que non seulement nos contemporains sont inaptes à juger le bien et le mal et sombrent dans sa banalisation (comme le diagnostiquait déjà Hannah Arendt au temps de l'Holocauste), mais que beaucoup ne parviennent pas à se représenter psychiquement (en sensations, mots, images, pensées) leurs conflits, et s'exposent en conséquence aux vandalismes, aux psychosomatoses, à la drogue. Pourtant, et à l'inverse, on pourrait dire que la société moderne offre aussi des espaces et des occasions pour essayer de remédier à ces carences. La psychanalyse est une de ces opportunités, explicitement désignée par la société, qui s'offre aux individus pour élaborer leurs conflits et leurs crises. Elle prend le relais, en quelque sorte, du politique et du religieux, qui étaient traditionnellement les lieux propices à l'expression de nos conflits. Elle-même est appelée cependant à s'adapter aux modulations historiques : à s'insérer mieux dans les débats de société, à ne pas bouder les médias, mais surtout à trouver de nouvelles passerelles avec la médecine et la recherche en neuropsychiatrie, comme avec les sciences humaines. Plus largement, la société civile tente pour sa part de trouver des moyens politiques nouveaux pour laisser se manifester et s'élaborer ses conflits qu'une trop grande centralisation de l'administration nationale et des partis jacobins laisse en souffrance. La vie associative, qui semble se développer de mieux en mieux, pourrait être cette nouvelle version de la nation : à la fois espace public unificateur, qui assure le repère identitaire et accomplit son rôle de mémoire et d'idéal, c'est-à-dire d'antidépresseur, et multiplication des contacts singuliers, des soins particuliers adaptés à la diversité des demandes.

Dans votre conférence « Europhilie, Europhobie » prononcée à l'université de New York (novembre 1997), vous dites : « Il est important de restaurer la confiance nationale comme on restaure le narcissisme ou l'idéal du moi d'un patient déprimé avant d'entreprendre la véritable analyse de ses résistances et défenses. » Vous-même, faites-vous confiance à la confiance nationale ?

Je fais confiance au respect de l'espace public ; à la déculpabilisation de la misère et à la solidarité qui l'accueille ; à la fierté de l'héritage culturel ; au culte du « jouir » et de la liberté. Je me méfie de l'attraction qu'exercent l'archaïsme, le nationalisme (qui n'est pas la nation) et le sexisme. Mais je vous ai déjà parlé de tout cela. Laissez-moi vous dire un peu plus personnellement à quoi je ne fais pas confiance.

Qu'une nation se définisse par son appartenance au sol ou au sang, la plupart enracinent leur image identitaire dans la langue. Cela est particulièrement vrai pour la France. L'histoire de la monarchie et de la république, de leur culture administrative, de leur code verbal, de leurs institutions rhétoriques et éducatives a conduit à une fusion sans précédent entre le fait national et le fait linguistique. Il en résulte que les avant-gardes littéraires doivent être plus subversives et plus extrémistes en France qu'ailleurs, pour bousculer cette nappe protectrice de la rhétorique. En une époque de dépression nationale, qui s'accompagne toujours d'un repli identitaire, ces avant-gardes sont brutalement marginalisées ou abolies, et le culte du parler traditionnel, du « bon goût français », cimente une identité blessée, sinon introuvable.

L'étranger, qui est toujours un traducteur, n'a pas beaucoup de chance dans ce contexte. Bien entendu, il a toujours existé des juifs de cour, comme il existera toujours des étrangers à l'Académie française. Mais ces alibis de la bonne conscience nationale ne devraient pas faire oublier la tendance de base : au même titre que les audaces des avant-gardes, ceux qui osent se réaliser dans l'« autre langue » sont frappés de suspicion et succombent vite à l'ostracisme. On comprend dès lors qu'en France les milieux les plus finement nationalistes, les plus sournoisement xénophobes, s'implantent et exercent leur pouvoir dans les institutions qui gèrent le destin des lettres. Celui ou celle qui parle l'« autre langue » est invité à se taire... à moins qu'il/elle ne rejoigne un des clans en place, une des rhétoriques en vigueur. Naturellement, il/elle peut essayer aussi de repartir à l'étranger, de se faire traduire à l'étranger. En fait, le destin de l'étranger est par définition ouvert : c'est peut-être cela, au fond, son salut...

Il m'arrive, quand je reviens en France d'un voyage à l'Est, à l'Ouest, au Nord et au Sud, de ne pas me reconnaître dans ces discours français, qui sont pourtant ma seule langue désormais, depuis plus de trente ans déjà. Des discours qui tournent le dos au mal, à la misère du monde et exaltent la seule tradition de la désinvolture – quand ce n'est pas du nationalisme – pour tout remède contre notre siècle qui, hélas, n'est plus ni le Grand Siècle, ni celui de Voltaire-Diderot-Rousseau... Rien de plus pénible que de rencontrer ou de lire, après une journée de séances psychanalytiques – qui donnent place à une parole défaite mais vraie –, tel journaliste digne successeur de Verdurin qui vous sert les stéréotypes du protectionnisme stylistique et philosophique.

Le français sait exceller dans les faux encensements, dans les enthousiasmes creux, dans les louanges dithyrambiques de ceux qui « en sont ». Plus résistante au métissage que l'anglais, moins curieuse des greffes que ces corps neufs que sont l'américain ou, malgré tout, le russe, la langue française a tendance aujourd'hui à se complaire dans une authenticité intraduisible. Un temple, en somme, dont certaines institutions et organes de presse – plus que les écrivains eux-mêmes, par définition écorchés et nomades – s'emploient à assurer la fermeture. Si l'étranger s'inquiète, discute ou critique, on l'accuse de « toiser » la France, la francité se cabre dans une pose régionaliste et ne permet, comme du temps d'Eschyle, qu'un seul discours aux étrangers, celui des « suppliants »...

Qu'avez-vous pensé de la suppression du service militaire ?
Vous me ramenez aux choses sérieuses. Je pense le plus grand bien de la suppression du service militaire. Je vais vous faire un aveu : depuis toujours, j'ai horreur du service militaire. Je n'ai jamais compris pourquoi certaines de mes amies, quand j'étais petite fille, voulaient être des garçons. La simple idée du service militaire auquel les garçons sont obligés me rendait ce choix abominable.

D'un point de vue républicain, cela ne vous choque pas que l'on supprime ce qui était malgré tout un lieu (avec l'école) de brassage social ?
Croyez-vous sérieusement que le service militaire soit le seul lieu de brassage social ? Franchement, si je suis persuadée que le patriotisme n'est pas encore un sentiment dépassé, je considère néanmoins qu'il existe d'autres manières de le cultiver : la compétition scientifique, artistique, sportive, par exemple. Quant au brassage social, l'école publique et l'université sont des lieux appropriés. Je participe modestement, selon mes moyens bien limités, à une réflexion nationale au sujet d'une réorganisation de l'enseignement supérieur, comprenant, entre autres, une refonte éventuelle entre les « grandes écoles » et les universités. Il ne s'agit nullement de toucher aux excellences des unes ni aux générosités des autres, mais de permettre ainsi un meilleur brassage. D'autres activités, au plan civil, et pas nécessairement militaire, sont à envisager dans ce sens : aide aux défavorisés, à l'échelle scolaire, au « quart-monde », etc. Des activités qui développent le souci pour l'autre :

le soin, l'amour. N'est-ce pas cela le « service public » : servir – soigner – sauvegarder – revivre ? Le soin comme degré rudimentaire de l'amour est aussi un antidépresseur puissant. « Service », oui ; mais « armée », non, l'armée n'est pas mon faible... D'ailleurs, vous ne trouvez pas que vous exagérez en me posant des questions tous azimuts, comme si vous me preniez pour un(e) de ces intellectuel(le)s qui n'existent plus et qui ont réponse à tout ? Du big bang au service militaire, pourquoi pas, tant qu'on y est ?

On a parlé récemment de la réintroduction de la morale laïque à l'école. Pensez-vous qu'on devrait apprendre aux enfants l'amour de la patrie ?

Pourquoi pas. La patrie, non pas comme un fond religieux ou une origine indépassable, mais comme une mémoire et comme une limite : à la recherche du temps perdu, et pour éprouver ma différence avec les autres. Mémoire et limite à aimer : c'est une longue marche, qui peut redonner à l'amour lui-même une saveur nouvelle. Plus intériorisée, plus sobre.

Qu'est-ce qu'une transmission réussie ?

Pour moi, elle serait à l'image de la transmission analytique. Ce qui implique qu'il y a une séparation : à la fin de mon analyse, je quitte mon analyste ; un assouplissement des inhibitions et des censures : je suis en contact avec mes pulsions inconscientes, et ma créativité augmente ; une autonomie qui me rend capable de liberté et de choix : bien au-delà de ce que mon analyste m'a littéralement transmis. En résumé, une transmission réussie est une transmission interrogeable et modifiable, qui stimule la créativité du « disciple ».

En même temps, vous admettez l'idée qu'on ne peut être maître de ce qu'on transmet ?

Cela va de soi. Entre le dogme et le n'importe quoi, le bon « maître » transmet le sens littéral et le souci de justesse, en même temps que la capacité de mettre en question, de re-commencer, de re-naître.

Ne trouvez-vous pas regrettable que l'on ait supprimé l'acte volontaire en matière de nationalité ?

Il me paraît logique que les enfants nés de parents étrangers sur le sol français, parlant français, éduqués par l'école française, obtiennent la nationalité française sans la demander. La question se posera autrement pour les nouveaux arrivants.

Oui, mais il n'y a pas l'acte symbolique de l'engagement. C'est une formalité. Ce n'est pas symbolique, pas ritualisé, il n'y a pas de serment civique...

J'attache beaucoup d'importance au rituel, il recèle une prégnance symbolique irremplaçable. J'ai été très émue par le cérémonial des universités canadiennes ou américaines, notamment au moment de mon élection comme *doctor honoris causa*. C'est une célébration qui inclut aussi bien les étudiants : elle réalise une reconnaissance de leur personnalité intellectuelle, ainsi que leur intégration dans la communauté académique nationale et internationale, et dans la mémoire symbolique de leur école. Cette tradition s'est perdue en France, ou reste bien sommaire. J'essaie vainement de la ressusciter, ce qui me vaut plutôt des sourires apitoyés. On me dit que les Français ont trop le sens de l'humour pour se prêter à ces petits jeux. À voir ! On peut envisager des rituels adaptés à cet esprit ludique, empruntant au symbolisme de l'*Encyclopédie*, par

« En reconnaissant
cette étrangeté
intrinsèque
à chacun de nous,
nous avons
plus de chances
de tolérer
les étrangetés
des autres.

exemple s'il s'agit de l'université Denis-Diderot où j'enseigne, incluant les arts et la poésie, sans oublier la fête...

> **« Si nous ne sommes des sujets libres qu'en tant qu'étrangers à nous-mêmes il s'ensuit que le lien social devrait être, non pas une association d'identités, mais une fédération d'étrangetés »**, écrivez-vous dans la revue *L'Infini*. **Pouvez-vous préciser ce point ?**

La psychanalyse, après Rimbaud, nous fait admettre que « je est un autre », et même plusieurs autres. Ce bouleversement de la notion traditionnelle d'« identité » de la personne va dans le même sens que le mouvement « déicide » que j'évoquais à propos de Mai 68. Si Dieu devient une Valeur stable, si la Personne se fige en une identité stable, eh bien ! toute la vigueur de la culture moderne va à l'encontre de cette homogénéité, de cette tendance à la stagnation, et révèle sa fragmentation. Non seulement nous sommes divisés et nous abritons en « nous-mêmes » des étrangetés souvent insoutenables, mais cette polyphonie nous fait jouir ! Voilà de quoi mettre à mal la morale facile, les ensembles compacts ! Il n'est pas étonnant, par conséquent, que beaucoup de gens se dérobent à la culture du XXᵉ siècle, ne veulent pas ouvrir les yeux sur les vérités, en effet troublantes, que celles-ci dévoilent. Pourtant, en reconnaissant cette étrangeté intrinsèque à chacun de nous, nous avons plus de chances de tolérer les étrangetés des autres. Et d'essayer de créer, dès lors, des communautés moins monolithiques, plus polyphoniques.

Qu'entendez-vous par « fédération » ?

Une entente entre des êtres polyphoniques, respectueux de leurs étrangetés réciproques. Un couple qui dure dans le temps, par exemple, est

nécessairement une fédération d'au moins quatre
partenaires : le masculin et le féminin de l'homme,
le féminin et le masculin de la femme. Je rêve d'un
espace public et laïc en France qui, tout en restant
fidèle à la sauvegarde de l'« esprit général » cher
à Montesquieu, ne gommerait pas les étrangetés de
chacune des composantes de la mosaïque française, mais les fédérerait en les respectant et en les
unifiant. Ni la neutralisation dans un grand tout
universel ni le communautarisme à l'anglaise qui
brise l'« esprit général ». Un subtil équilibre en
somme, dont nous n'avons pas encore trouvé la
réalisation pratique.

**En dehors de la France et de sa culture, quels sont les pays
d'Europe dont vous vous sentez le plus proche ?**

La Grèce est mon berceau ; mon pays d'origine, la
Bulgarie, est une facette de Byzance, à laquelle je
consacre mon prochain roman – un autre polar,
mais cette fois sur les Croisades. La Russie m'est
proche par la sensualité mélancolique et carnava-
lesque de l'« âme slave ». Mais ce sont l'Italie et
l'Espagne qui me donnent le plus fort sentiment de
civilisation. Permettez-moi de vous lire, en guise de
réponse, quelques passages de mon roman
Possessions (Fayard, 1996) : « Beaucoup sont
amoureux de l'Italie, et je le suis : profusion
de beauté qui ne cesse de surprendre, avant que
l'excitation ne se rencontre en sérénité. D'autres dé-
sirent l'Espagne : hautaine parce que déraison-
nable, mystique mais nonchalante. Moi, je me
réfugie en France, définitivement.[...] Je loge mon
corps dans le paysage logique de France, m'abrite
dans les rues lisses, souriantes et aisées de Paris,
frôle ces gens quelconques qui se refusent, mais
désabusés, d'une intimité impénétrable et, tout

compte fait, polie. Ils ont bâti Notre-Dame et le Louvre, conquis l'Europe et une grande partie du globe, puis sont rentrés chez eux : parce qu'ils préfèrent un plaisir qui va de pair avec la réalité. Mais, parce qu'ils préfèrent aussi le plaisir à la réalité, ils continuent de se croire les maîtres du monde, ou du moins une grande puissance. Ce monde – agacé, condescendant, fasciné – qui semble prêt à les suivre. À nous suivre. »

La
psychanalyse
dans tous
ses états

La
psychanalyse
dans tous
ses états

« Aujourd'hui même, et encore plus demain, la psychanalyse me paraît être cet art — je concède cet artifice — qui permet aux hommes et aux femmes de la cité moderne, lisse, hautaine, payable et payante, de préserver une vie », écrivez-vous en 1988. Diriez-vous qu'une personne analysée en vaut deux ?

Pourquoi seulement deux ? Serait-ce comme en schizophrénie, ou comme dans le petit livre rouge de Mao qui préconisait qu'« un se divise en deux » ? Vous êtes loin du compte, l'analysé n'est pas deux, il est légion, c'est-à-dire diabolique. À partir de là, tout est possible : vous devenez canaille ou saint, tendre ou cynique. Mais dans tous les cas, et très sérieusement, l'analyse assouplit les inhibitions et les défenses et, en restituant la mémoire infantile et les potentialités pulsionnelles, elle favorise la créativité. La fin de l'analyse est un moment de deuil, mais qui souvent s'accompagne de nouvelles capacités amoureuses, de mutations professionnelles. Je n'observe pas les gens au microscope psychanalytique, je range mon « Sigmund » dès que je quitte mon cabinet analytique, car l'analyste n'existe que si quelqu'un en fait la demande. Je constate cependant que les personnes analysées, dont l'analyse n'est par définition jamais terminée tout en étant plus ou moins complète, possèdent une lucidité sereine sur leurs limites et malaises, ainsi que sur ceux des autres, qui les rend capables d'accueil, d'attente, de mouvement. Dans les meilleurs des cas, naturellement. Une humanité spécifique sort quand même des divans, attentive à ses révoltes et aux révoltes des autres.

« Faire des enfants, très bien, en avoir, quelle iniquité ! » Ce mot de Sartre, Simone de Beauvoir l'a repris à son compte : la maternité lui paraissait incompatible avec la liberté de vivre à sa guise

et de créer. Vous n'êtes pas de celles pour qui être mère est un handicap, bien au contraire...

Cette réaction de Beauvoir trahit son histoire personnelle et l'époque. Ce fut une grave erreur des féministes d'opposer celles qui font une œuvre à celles qui font des enfants. En effet, les deux tâches sont difficiles, impossibles à concilier si les conditions économiques ne sont pas réunies, et si le désir de maternité est aboli ou perverti. Les féministes ont déconsidéré la vocation civilisationnelle la plus importante des femmes, la maternité, au profit d'une valorisation de la vie professionnelle, qui est indispensable, mais qui ne devrait pas être antinomique à la première. Nous reparlerons des difficultés et des impasses auxquelles aboutit l'effort de concilier ces deux expériences. Mais constatons d'abord que, depuis la Vierge Marie, nous n'avons pas d'autre discours sur la maternité : carrefour étrange entre la physiologie et la biographie, les cellules et le sens. Les femmes donnent la vie, disait-on, les hommes donnent le sens. Cela a changé. Les femmes donnent aussi le sens. Elles l'ont toujours fait ? Peut-être, la langue est bien dite « maternelle », et sans une « suffisamment bonne mère » aucun enfant n'aura jamais parlé. D'accord. Mais elles le font de plus en plus, ce qui ne veut pas dire de mieux en mieux, bien que cela arrive aussi. Ajoutez à cela les manipulations génétiques et autres clonages : on aura besoin de cellules d'hommes, n'importe lesquelles, mais on ne se passe pas (encore ?) des ovules. Quelles que soient les horreurs de cette science-fiction, dont la menace n'est d'ailleurs pas seulement fantasmatique, il apparaît que l'avenir de notre espèce dépend de plus en plus des femmes : de notre capacité à nous, les femmes, à concilier la liberté sexuelle et professionnelle avec le souci de donner la vie et de la conduire au sens.

Iriez-vous jusqu'à dire qu'une femme qui choisit de ne pas avoir d'enfant n'est pas accomplie ?

Sûrement pas. Certaines femmes – et certains hommes ! – réalisent une « maternité symbolique » dans leur vie professionnelle et personnelle : notamment dans l'enseignement et les métiers thérapeutiques, mais pas seulement. J'appelle vocation maternelle, non pas le travail en lui-même extraordinaire de la génitrice ou de la mère porteuse, mais cette alchimie qui conduit de la biologie à la signification, et qui passe par la modulation du désir en tendresse, puis en représentation-sens-langage-pensée. Un détournement de la pulsion s'opère : au lieu de se satisfaire dans un objet de plaisir (qui est essentiellement un objet pervers), la pulsion de la femme-mère ne s'inhibe pas, mais diffère ses buts et rencontre, non pas un *objet*, mais un *autre* : un autre à soigner, à protéger, à aimer. C'est dans l'alchimie psychique de l'amante et de la mère que l'objet pervers du désir voisine avec l'autre ou se transforme en autre. Nous sommes à l'aurore de l'altérité, et de la civilisation. On ne connaît que trop bien les accidents de ce parcours : l'appropriation narcissique par la mère de son rejeton, qui n'est plus un autre, mais sa prothèse à elle, les possessions, vampirismes, abus de pouvoir, règlements de compte en tout genre. Je n'oublie pas l'esclavage du dévouement, le masochisme du « don de soi », etc. Et pourtant, au travers de tout cela, cette expérience maternelle est fondamentale : pour chacune, pour chacun, pas seulement pour celles qui ont accouché. Nous en avons peur. Certains, à commencer par les femmes, la rabaissent : cela donne « les femmes vaches ou bonniches » de Céline, qui, ajoute-t-il, « nous gâchent l'infini ». D'autres paranoïsent son pouvoir maléfique, la toute-puissance des sorcières et des matrones. Ceux qui la censurent ouvrent la voie, plus ou moins consciemment, soit à la robotisation en cours de notre espèce (« tout est dans les gènes ou dans la technique, l'instinct maternel n'existe pas, les mères non plus »), soit à un retour de la religion qui reprend la place laissée vacante (des amies scandinaves viennent de me signaler que des publications sur la Vierge Marie inondent les vitrines et les listes des best-sellers). Pourtant, je ne néglige point l'épreuve qui consiste à mener de front une vie professionnelle et une vie de mère de famille. Beaucoup de ces « superwomen » sont épuisées quand elles ne succombent pas à des décompensations psychiques graves. Moi-même, je me suis décrite dans *Possessions* comme une femme décapitée : les blessures, privations, souffrances que subissent les femmes aujourd'hui – à la fois amantes, travailleuses, épouses, mères – se sont cristallisées pour moi dans l'image de la décollation... N'ayez pas peur, je me suis décrite aussi dans le personnage de la journaliste-détective : une femme qui mène l'enquête, qui veut et peut savoir...

> « Il est important que surgisse de manière plus précise, moins publicitaire, mais plus vraie la différence fondamentale entre les deux sexes. Le féminisme a eu l'énorme mérite de la rendre douloureuse, c'est-à-dire productrice de surprise et de vie symbolique dans une civilisation qui, en dehors de la Bourse et des guerres, ne fait que s'ennuyer », remarquiez-vous en 1979. À vous lire, à différencier les époques, vous semblez parfois hésiter, sur cette question de la différence des sexes, entre dramatisation et réconciliation. Vous donnez l'impression de redoubler la guerre des sexes tout en espérant une pacification. Comment vous situez-vous par rapport à cela ?

Je n'hésite pas un instant, en tout cas, sur ce point. Je dis que la guerre des sexes est endémique et que nous pouvons la transformer en vie commune. Ce sont les deux faces d'une même médaille, nullement une hésitation. La différence entre les deux sexes, masculin et féminin, veut dire que nos pulsions, nos désirs, nos mentalités diffèrent et très souvent divergent. Les hommes et les femmes n'ont pas les mêmes plaisirs et n'attendent pas les mêmes bénéfices d'une relation : certains sont plus actifs, d'autres plus passifs, certains plus centrifuges, d'autres plus centripètes. Heureusement, la bisexualité psychique compense cette dichotomie trop schématique, et rend possible une plus ou moins bonne entente. Ajouter à cela que la dépendance économique des femmes les a longuement obligées à se plier, à passer sur tout… Résultat : la guerre des sexes n'a pas eu lieu. Mais elle a lieu actuellement aux États-Unis, et nous avons beau nous moquer de la brutalité des féministes américaines, de l'avidité de leurs avocats et de la vulgarité de leurs médias, il n'est pas sûr que notre subtilité de Sudistes et d'Européens pourra nous protéger à long terme de cette même barbarie. Si vous pouviez entendre ce qui se dit sur les divans, c'est bien plus cru que sur les oreillers. Le mouvement féministe a rendu en effet évidente et douloureuse cette vérité psychanalytique de la différence conflictuelle qui pose les deux sexes l'un contre l'autre, attise le désir, mais aussi le conduit au sadomasochisme. Il ne s'agit pas d'en rester là. La civilisation, comme l'amour, comme le couple, sont une continuation de la guerre avec d'autres moyens : jusqu'à ce que la guerre s'éclipse dans une harmonie toujours recommencée...

Existe-t-il une singularité française ? Une façon française d'aborder la différence sexuelle ?

Il existe une tradition prestigieuse de femmes sublimes, dans l'Ancien Régime, produits de l'aisance aristocratique, du libertinage transgressif du catholicisme, d'une sophistique de la conversation et de l'écriture qui leur a ouvert aussi les portes du savoir... Mme du Châtelet, Mme de Sévigné... Cette veine se prolonge jusqu'à la première intellectuelle que fut Mme de Staël – écrivain, philosophe, penseur politique –, jusqu'à la sensualité lutine de Colette ; nous avons déjà évoqué l'intelligence courageuse et coupante de Beauvoir... Mais la bourgeoisie a eu tendance à freiner cette émancipation : à enfermer la femme dans la maternité et la morale pour en faire un adjuvant de l'entreprise, des « affaires ». Comme l'a montré brillamment Mona Ozouf, la gauche française elle-même, depuis la Révolution et jusqu'à tout récemment, ne fut pas particulièrement encourageante, au contraire : on avait sans doute trop peur du curé – « ami » des femmes, qui les empêchait de devenir des esprits laïcs, qui les enfermait dans l'église. Cela explique du moins en partie pourquoi les mouvements féministes récents, après Mai 68, se sont montrés réticents envers les partis, et notamment les partis de gauche.

Mais, profondément, la culture française n'est pas puritaine, et ce libertinage sudiste, cette vague païenne du catholicisme, donnent aux femmes françaises une assurance qui est loin de l'aigreur revendicative des Anglo-Saxonnes. Je viens de terminer un échange de lettres avec Catherine Clément sur « le féminin et le sacré », dans lequel j'insiste sur le fait que même la Vierge – surtout la Vierge ! pourtant décriée comme symbole du refoulement et du dénigrement du corps féminin – a joué un rôle de consolatrice, mais aussi de protectrice de la sensualité et du pouvoir des femmes : Marie n'est-elle pas mère des arts et reine de l'Église !

« Les Françaises
se battent, mais
avec le sourire.
Cela change
des dépressions
et des mauvaises
humeurs
new-yorkaises
et moscovites. »

Bref, parce qu'elle est séductrice, mère, partenaire, la Française n'a pas vraiment l'impression d'être piétinée. Elle se trompe ? Elle prend du retard, par rapport à ses consœurs des autres pays, elle n'accède pas assez vite aux fonctions politiques ? Sans doute, et on va essayer d'y remédier. Mais ce manque d'empressement est aussi l'aveu d'un certain équilibrage du rapport entre les sexes, propre à la « singularité française ».

Dans les réalisations culturelles récentes des femmes françaises, on constate deux choses qui nous distinguent des « femmes modernes » des autres pays. D'abord, la joie de vivre, la séduction et le plaisir mis en vedette, à l'encontre de la plainte et de la revendication permanente. Le mal-être est conscient et avoué, l'échec des couples aussi, les corvées du ménage et du boulot pas moins. Pourtant, la meilleure manière de les combattre n'est pas de s'y enliser, mais de faire face avec grâce et coquetterie. Le plus étrange, c'est que beaucoup y arrivent. Les Françaises se battent, mais avec le sourire. Cela change des dépressions et des mauvaises humeurs new-yorkaises et moscovites.

Ensuite, le souci de préserver et de cultiver cette différence féminine, de ne pas se transformer en clones-clowns des « machos » enviés et combattus par tant de féministes dures, va de pair avec la reconnaissance de ce que j'appellerais une commune mesure pour les deux sexes. En France, il existe un terrain où nous pouvons tous, hommes et femmes, vivre et travailler ensemble, par-delà et avec nos différences. Est-ce le résultat de l'universalisme français, qui nous a appris que nous sommes tous des Hommes, avant d'être homme et femme ? Est-ce l'effet de cette culture du Verbe, qui distingue la culture française et dans laquelle toute personne, des plus pauvres aux plus favorisées, se fait une joie et un devoir d'exceller ? Une culture du Verbe qui nous révèle tous sujets au même « commun dénominateur » : sujets de la parole, de sa symbolique ? J'ai constaté récemment, en réfléchissant sur l'apport très spécifique des femmes psychanalystes au développement moderne de la psychanalyse, que les femmes analystes françaises ont certes fait des contributions importantes à la connaissance de l'enfance et des psychoses, de l'archaïque en somme : comme leurs consœurs des autres pays. Mais que les Françaises sont plus nombreuses à apporter de nouvelles lumières sur l'Œdipe : or qu'est-ce, sinon le commun dénominateur des deux sexes ? Elles en reconnaissent l'universalité, tout en cherchant la manière spécifique aux deux sexes de s'y rapporter. Et, *last but not least*, elles apportent des analyses très subtiles sur le plaisir et la jouissance féminine, sur sa modulation en tendresse, mais aussi sur les perversions. La face solaire, en somme, du psychisme – avec ses brûlures, mais en pleine lumière.

Êtes-vous pour la parité ?

Initialement, j'étais gênée par le symbolisme victimaire et paternaliste qui se dissimule dans cette exigence : en réclamant la parité, on avoue implicitement que les femmes sont des parias, et on décide paternellement de les favoriser. Pourtant, il semble impossible de faire tomber les résistances sexistes sans une mesure aussi nette. J'ai parlé jusqu'à présent des aspects positifs de la différence sexuelle en France, mais je n'ignore pas la haine que provoque une femme qui a un corps et une tête. Avez-vous vu la manifestation des chasseurs ? Leurs obscénités contre Dominique Voynet ? Le machisme des campagnes existe bel et bien, et qui se priverait de le manipuler ? Donc, parité : oui ! Mais pour quoi faire ? Très rapidement, il faudrait poser la question du renouveau que les femmes pourraient apporter à la vie politique, sans se contenter d'être des superchefs.

Il faut donc relancer la différence des sexes, surtout ne pas l'abolir...

Lui donner de la vigueur et du contenu. Laissons les femmes s'exprimer. Elles ne veulent pas vraiment assumer des responsabilités politiques ? Peut-être veulent-elles d'une autre politique ? Laquelle ? Quelle proximité ? Quels soins ? Quelles amours ? Quelles familles ? Quelle procréation ? Quel sens de la vie face au désir, face à la technique ? Qu'elle déclenche ou non une arrivée massive des femmes sur la scène politique, la « parité » pourrait être une occasion de repenser la politique à partir d'enjeux anthropologiques que la politique oublie...

C'est comme si vous faisiez des femmes – et peut-être aussi des hommes – les gardiennes de l'incommensurable ?

Nous revenons aux thèmes évoqués autour de Mai 68. L'infini du désir et l'infini de la jouissance, confrontés aux contraintes du pacte social, impliquaient une redistribution du sacré. Un « sacré » introduit au cœur même de la politique. Cette question reste ouverte, et ce qu'on appelle « les problèmes des femmes » ne font que la relancer, de manière spécifique. Car le sujet-femme, plus dramatiquement que l'homme, est placé sur cette crête entre la vie et le sens, qui déborde le social, et que j'ai appelé le sacré.

Ne trouvez-vous pas extraordinaire que tout cela puisse devenir l'objet d'un débat public en France ?

Un signe, parmi d'autres, d'une conception de la liberté très précieuse, qu'il faudrait préserver contre vents et marées ! Le monde moderne est de plus en plus embarqué dans un culte de la liberté-adaptation. Être libre veut dire réussir à s'adapter à la logique des causes et effets qui gouverne un monde qui nous transcende – étant donné que la transcendance dont il s'agit n'est plus, ou plus seulement, celle d'une morale religieuse suprasensible, mais celle très pragmatique de la production et du marché. Belle réussite, qui s'en privera ? Certainement pas les nécessiteux de Manille qui dévalisent les supermarchés le jour du krach boursier. Pourtant, nous sommes aussi les héritiers d'une autre liberté, et il n'est pas exclu que l'« exception française » en soit le porteur le plus convaincu, le plus habile. Avant tout commencement, adaptation, entreprise ou réussite, la liberté consiste à se révéler à l'autre. Je me présente à toi : je et tu, femme et homme, et toute autre différence. Dans la perception et la parole, nous éprouvons nos similitudes et nos incompatibilités, en les révélant nous nous révélons, et c'est ainsi seulement que nous devenons. Pourquoi cette révélation est-elle une liberté ? Car elle me révèle à moi (femme ou homme) si et seulement si je me manifeste ou dévoile devant l'autre (homme ou femme), et *vice versa*, chacun dans nos singularités, qui dépassent de bien loin les différences sexuelles. Elle me révèle en me libérant, en me délivrant de ce qui sera moi devant toi, et toi devant moi, continûment. Quelle plus grande libération que cette révélation infinie de soi ? Eh bien, ces méditations philosophiques n'ont rien d'abstrait, elles sont l'enjeu du débat homme-femme et témoignent de notre souci d'une autre liberté, en plus de la « libre entreprise »...

Cela ne revient-il pas à réactiver une forme de civilisation de l'amour ?

Bien sûr. Dans l'actuel dénigrement de la psychanalyse, sur fond de neurosciences et de comportementalisme, on oublie de rappeler que la psychanalyse est une expérience de la co-présence sexualité-pensée, et une expérience amoureuse. La psychanalyse a découvert combien les actes de langage et la pensée sont à l'interface du développement sexuel, et dépendent des avancées ou des accidents de la pulsion et du désir. Le désir sexuel étant non pas une lubie réductrice qui biologise l'essence de l'homme, mais ce qui assure l'interface de la biologie et de la pensée. Lorsque Freud a fait cette découverte, il a construit la cure analytique à partir du lien amoureux. Le transfert/contre-transfert n'est rien d'autre qu'une relation amoureuse entre le patient et son analyste. Une histoire d'amour, comme j'ai pu le dire (*Histoires d'amour*, 1983), qui réveille les pulsions et les désirs anciens, et les élabore au sein du nouveau lien amoureux entre analysant et analyste. En nommant, en parlant, en confiant, en idéalisant, en se fâchant, en se révoltant, dans l'amour et la haine. Véritable amour en laboratoire, qui reprend les antécédents du lien amoureux en Occident (du *Banquet* de Platon et du *Cantique des cantiques* de la Bible à la charité chrétienne, à *Roméo et Juliette* et aux amours fatales de Sade, de Baudelaire et de Bataille), l'expérience analytique permet d'arrimer le désir à l'idéal et d'atténuer leur cruauté respective. L'incommensurable de la passion comme l'incommensurable de l'idéal se modulent alors dans l'acceptation de nos limites. L'amour ne restitue-t-il pas, au fond, le bien-être du quelconque ?

« Dans la parole,
nous éprouvons
nos similitudes
et nos
incompatibilités,
en les révélant
nous nous révélons,
et c'est ainsi
seulement que
nous devenons.

Le scepticisme qui fut, malgré tout, celui de Lacan en matière de vie familiale vous paraît-il aujourd'hui moins prégnant dans la scène psychanalytique ? Y a-t-il des avancées postlacaniennes sur cette question qui nous laissent entrevoir la possibilité, non seulement des familles recomposées, mais encore d'une nouvelle pensée sur la famille qui nous rendrait moins pessimistes que Lacan ?

Je ne pense pas que les analystes soient prisonniers des verdicts de Lacan, ils essaient plutôt d'entendre les nouveaux symptômes que manifestent les nouveaux patients. En effet, le rôle du père a changé dans les familles modernes ; les familles monoparentales se multiplient aussi ; beaucoup de couples ne sont pas mariés et prennent le risque de l'instabilité du lien, etc. Nous avons déjà parlé du fait que le père assume souvent aussi bien sa propre féminité que certaines tâches traditionnellement réservées à la femme. Avec tout cela, cependant, la fonction paternelle n'a pas perdu de son importance : le tiers est toujours structuralement nécessaire pour séparer l'enfant de la dyade fusionnelle avec la mère, placer les repères des identifications primaires et de l'entrée dans le symbolique. Mais cette fonction semble se modifier, et ses nouvelles ambiguïtés impriment de toute évidence sur la carte psychique des jeunes ce que l'opinion reçoit comme une immaturité : tendance à la régression, complaisance narcissique, latences perverses ou borderlines – dont la version positive serait une pensée analogique plus développée, un imaginaire plus désinhibé…

J'insisterais aussi sur les nouvelles modalités de la fonction paternelle que nous révèlent les patients étrangers, ceux qui parlent le français comme seconde langue et qui viennent d'une culture ou d'une religion lointaine. Telle patiente maghré-

bine, par exemple, souffre d'une tyrannie paternelle destructrice, qui a littéralement scotomisé le
rôle de la mère et de la femme pour elle : cette
patiente n'a aucune image du visage de sa mère,
ne peut entreprendre que des relations sadoma-
sochiques avec des hommes, nécessairement vio-
lents et dénigreurs, et une partie importante de son
analyse consiste à réhabiliter sa mère, à vivre son
analyste-homme comme une bonne mère, avant
de pouvoir « rencontrer un homme à aimer » et
de trouver des idéaux féminins auprès de femmes
françaises. L'instabilité des repères chez les
migrants – autre variante de ce que la fonction
paternelle a d'actuel et de problématique – conduit
à des troubles spécifiques chez les patients étrangers, quelle que soit leur origine culturelle et religieuse. Ainsi le changement de langue est-il
souvent le signe non seulement d'une détresse
politique, mais d'un matricide qu'aucune relation satisfaisante avec le père n'a pu empêcher ou
consoler : je veux dire, d'une violente séparation
destructrice avec la mère, consécutive à la violence
maternelle elle-même.

L'exil abrite donc souvent un trauma, difficile à
approcher et à élaborer, qui prédispose ces patients
à des passages à l'acte allant du cynisme à la corruption, de l'insolence à l'intégrisme. Il est difficile
d'en parler en public, car le thème est d'emblée
politisé et les symptômes eux-mêmes ont une étio-
logie complexe, y compris politique. Mais nous
commençons à l'aborder franchement, conscients
du fait que le destin de la migration est loin de pré-
figurer une humanité paradisiaque... Nous payons
cher le manque de repères.

Êtes-vous d'accord avec cette définition de Pierre Legendre qui affirme : « Un père n'est pas une mère en double, mais à l'imitation d'une mère, il fait naître lui aussi. »

Pas vraiment. Le père est un garant du symbolique, or je ne pense pas que le symbolique soit une imitation de la gestation : il s'agit d'un nouveau régime, d'un saut dans la représentation psychique que l'enfant élabore en passant par la phase dépressive (séparation avec la mère), par l'identification avec le père aimant de la préhistoire individuelle, et qu'il consolide avec l'Œdipe (épreuve du phallicisme et de la castration). De surcroît, la formulation que vous citez laisse entendre une dichotomie, bien lacanienne, selon laquelle la mère est en quelque sorte un trou, quand elle n'est pas une mère phallique, et que « le symbolique » tombe du ciel de la paternité seule. Que le père soit le garant de cette fonction symbolique n'empêche pas qu'il existe une fonction maternelle, appelons-la « sémiotique », qui prépare le futur sujet à cette ascension. Je pense à la mère comme femme-tendresse, mais aussi comme amante-désirante : tous deux aspects essentiels à la « deuxième naissance » : c'est-à-dire la naissance de l'enfant comme sujet. Le père fait naître, c'est vrai, mais dans un sens bien métaphorique : il assure la « métaphore paternelle », l'achèvement de ce transfert de la pulsion au sens que la mère ne cesse de préparer.

Exit le père sévère de Paul Claudel, exit la révolte sauvage, celle du jeune Cioran ou celle du jeune Aragon, que vous avez explorée comme nulle autre... En dehors de cette révolte littéraire, qui passe par le langage, la création — que vous avez analysée attentivement —, quelles possibilités envisageriez-vous pour nos sociétés démocratiques modernes ou postmodernes ?

Que verriez-vous comme possibilité sociale, politique, philoso-phique pour redonner des formes de consistance à des interdits ?

Votre question semble suggérer que ces révoltes lit-téraires ou esthétiques pourraient être secondaires : intéressantes certes, mais décoratives. Passons donc à la révolte sociale. Je ne suis pas du tout de cet avis. J'essaie même de montrer, dans *Sens et non-sens de la révolte* (1996) et dans *La Révolte intime* (1997), que ce que nous cataloguons comme une activité esthétique est la véritable vie de la pensée : en tant que pensée vivante incarnée dans le corps désirant, et non pas comme une pensée-calcul. Les surréalistes, Breton ou Aragon, ne disent pas autre chose : « Mon affaire est la métaphysique », pro-clame Aragon. Ou encore : « J'appelle style l'ac-cent que prend à l'occasion d'un homme donné le flot par lui répercuté de l'océan symbolique qui mine universellement la terre par métaphore. » Et Breton : « Il rôde actuellement dans le monde quelques individus pour qui l'art, par exemple, cesse d'être une fin. » Et ceci : « L'amour sera [...] nous réduirons l'art à sa plus simple expression qu'est l'amour. » Pensez au théâtre de Sartre, son investigation de l'image comme lieu de liberté (dans *L'Imaginaire*), sa fiction, son athéisme, cette œuvre « cruelle et de longue haleine », qui épuise la transcendance dans la transcendance même (dans *L'Être et le Néant*, mais aussi dans *Les Mots*, etc.). Ou bien à l'interprétation sémiologique, au sens de Barthes, comme démontage des apparences neutres des idéologies et des « belles lettres ». Voilà quelques écritures fortes qui sont en même temps des actes de révolte sociale. Et c'est parce que la « révolution sociale » a tourné le dos à cette révolte-là, à cette interrogation permanente, à cette inquiétude, à ce message augustinien – « *Quaesto mihi factus sum* » (Je suis devenu question à moi-même) – que la « révolution » politique et sociale a oublié la liberté qui l'avait fait naître, et qu'elle s'est trahie elle-même en dogmatisme, en terreur, en totalitarisme.

Il me paraît donc indispensable de ne pas figer la « révolte sociale » en soi, en la dissociant de la vie de l'esprit. Je ne sous-estime pas pour autant les points chauds de l'actualité. Par exemple, la nécessité d'insister sur l'« exception française » : non pas pour justifier la paresse, mais pour résister à l'uniformisation culturelle et sociale à laquelle nous prépare la globalisation, et pour défendre une autre version de la liberté, de l'art de vivre, de la civilisation dont nous parlions plus haut. Reprendre le sens et l'ampleur de l'entité « peuple » : pas nécessairement archaïsme populiste, mais souffrance, misère, solidarité – toute cette gamme d'humanité refoulée que la « gauche plurielle » essaie clopin-clopant de réintroduire dans la vie politique. Ne pas oublier non plus l'« esprit général » : ce commun dénominateur qui fait le sol de la République et qui, au-delà de l'individu, de la famille, du clan, de la région, de la religion, etc., est notre antidépresseur symbolique et l'abri pour des étrangetés de toute sorte. Défendre la culture-révolte – celle qui dérange et proteste, des avant-gardes aux chômeurs –, non pas contre, mais en plus de la culture-*entertainment* ou « show ». Car les médias ne sont pas la mort de l'esprit, comme on a pu le dire, et nous aimons tous nous amuser, mais nous voulons aussi pouvoir dire non.

On a
raison
de se
révolter...

On a
raison
de se
révolter...

La culture de la révolte est, selon vous, menacée. Cette incapacité est-elle historique ? Est-elle liée à notre fin de siècle, ou bien est-elle le fait d'un manque d'inventivité, dans la mesure où, dans vos deux ouvrages consacrés à cette question, ceux à qui vous vous référez, en dehors de Freud qui a thématisé le manque de la transgression, sont des écrivains qui appartiennent à notre siècle, mais qui ne sont pas des contemporains au sens strict du terme ?

D'abord, cette incapacité de révolte est signe de la dépression nationale. L'insécurité de l'image identitaire, quand ce n'est pas son absence, la perte de confiance dans la solidarité ou dans un projet provoquent, au plan de la nation, ce qu'éprouve l'individu déprimé isolément : discrédit de la communication et de l'autre (des proches, des voisins, de la politique...), ralentissement des actions, arrêt des désirs. Le révolté, au contraire, est un mécontent dont le désir est frustré, mais qui affirme des désirs forts : la subversion qu'il souhaite est même la marque d'une érotisation de la pensée, d'une vitalité de la psyché, qui ne se laissent pas annuler par Thanatos. La dépression peut prendre la forme d'une hyperactivité : certaines personnes ou nations ne cessent de s'agiter – comme la ménagère qui n'arrête pas de nettoyer ses vitres – sans que pour autant une civilisation de vie ait pris le dessus sur une civilisation de mort.

Toutefois, il faut entendre ma formulation plutôt comme une mise en garde que comme un diagnostic fatal. Notre capacité de révolte est de plus en plus affaiblie, elle est modifiée, mais pas éteinte. Elle est affaiblie en raison de cette mutation de la société technique dont nous avons déjà parlé, et dans laquelle les interdits sont absents ou complexifiés, alors que les sujets sont abolis ou polymorphes. Contre qui se révolter, si l'interdit est absent ou hypercomplexe ? Et qui peut se révolter, si la personne humaine est déconsidérée, se déconsidère elle-même ou bien souffre d'une fragmentation insoutenable ? Il semblerait que, même dans certains documents de l'Union européenne, on ne parle plus de « citoyens », de « sujets » ou de « personnes », mais de « personnes patrimoniales » : c'est dire que nous ne sommes pris en compte (c'est le cas de le dire) qu'en tant que propriétaires et, fait nouveau, non seulement propriétaires de biens matériels (quelques siècles d'accumulation de capitaux nous ont habitués à cette définition notariale), mais propriétaires de nos organes. Tant mieux, me direz-vous, car il existe des pays où la personne n'est même pas propriétaire de ses organes. En effet. Mais vous voyez combien il est impossible à cette « personne patrimoniale », disséminée dans ses biens éventuels et dans ses organes plus ou moins appréciables, de se vivre comme un sujet libre qui pose et se pose des questions, qui interroge et remet en cause ?

Qu'entendez-vous alors précisément par révolte ?

J'entends ici le mot « révolte » dans le sens étymologique de retour, retournement, découvrement, dévoilement et de remise à neuf : par-delà la nécessaire répétition inhérente à ce trajet, je mets en lumière sa potentialité d'écart, de rupture, de renouvellement. Est-il possible que la révolte ainsi comprise, et qui est – je le répète – la condition nécessaire à la vie de l'esprit et de la société, se produise avec des interdits absents ou complexes, et des « personnes patrimoniales » plus ou moins déprimées ou souffrant des « nouvelles maladies de l'âme » ? C'est mal parti... Pourtant, la contestation n'est pas la seule forme de la révolte. L'histoire des deux derniers siècles nous a habitués à comprendre la « révolte » au sens politique d'une « révolution » qui affronte une Norme et la transgresse par une Promesse paradisiaque. On connaît le résultat. Il nous faut revenir aux latences intimes de la révolte – au sens profond du questionnement de soi et de la tradition, des différences sexuelles, des projets de vie et de mort, des nouvelles modalités de société civile, etc. Il s'agit d'un enracinement qui nous rapproche de la révolte au sens augustinien – *se quaerere*, se remettre en cause pour stimuler réciproquement mémoire-pensée-volonté ; mais aussi de la révolte au sens psychanalytique, puisque vous savez que pour moi la découverte de Freud est une invitation à se ré-volter (anamnèse, désir, amour et haine) pour mieux se révéler (se re-créer et créer). Ainsi comprise, la révolte prend des formes elles aussi plus complexes, moins immédiatement transgressives. Face à l'assimilation des techniques que nous inflige l'automatisation contemporaine, la reconstitution de la mémoire ; l'interprétation du présent et du passé ; la mise en question, l'art d'interroger des valeurs qui nous entourent ; les logiques de jeu ajoutées (non pas opposées) aux logiques argumentatives ; le récit, la fiction, la création picturale et musicale, font partie de ces autres visages de la révolte, apparemment mineurs, mais de fait plus sournoisement, plus efficacement inscrits dans le monde moderne. Mon rappel des expériences littéraires est à entendre dans cette perspective aussi.

Votre pratique d'analyste ne vous pousse-t-elle pas à privilégier la révolte individuelle, la révolte contre le père – telle qu'on la trouve chez Aragon et chez Sartre, par exemple – plutôt que la révolte sociale ?

Je répète que c'est en s'enracinant dans le microcosme individuel, en le réhabilitant, en le valorisant, en lui restituant la fierté de désirer, d'aimer et de se

cette co-présence, diriez-vous aujourd'hui, par rapport aux années 60, qu'il y a régression ou progression?

Il nous est encore difficile de faire le bilan de ce XXᵉ siècle finissant. Beaucoup s'en effraient : les deux totalitarismes, l'Holocauste, Hiroshima... il y a de quoi rougir. C'est aussi le siècle d'un immense travail de la pensée : je reviens au début de notre conversation, à cette subversion des valeurs que les philosophes, les artistes et les écrivains, puis la psychanalyse et la jeunesse, ont conduite sur la place publique et qui est une radicale mutation de l'essence même de l'Homme, en tant qu'il est un Homme religieux. On ne mesure pas encore la profondeur de ces avancées : la rupture qu'elles impliquent dans les habitudes, dans le besoin de sécurité, d'identité. Une cruauté s'est fait jour, qui est la doublure de la liberté, de la jouissance, de la créativité elle-même. Une cruauté qui est l'envers solidaire de cette libération-révélation : Artaud fut un de ceux qui l'ont le mieux dit, et celui qui l'a éprouvée le plus dramatiquement. L'homme et la femme en sortent avec la conscience qu'ils sont irréconciliables : chacun à l'intérieur de soi, et les uns avec les autres. Mais ils en sortent aussi avec la volonté de construire des liens avec et par-delà cet irréconciliable. Alors, face à ce remue-ménage « épocal », ces dernières années que nous vivons sont des replis de gestionnaires : on panse les plaies, on sacrifie beaucoup de monde aussi, et on tisse la toile d'araignée des réseaux informatiques, des capitaux virtuels, de l'automatisation. La technique crée du confort, pour certains, mais il augmente objectivement pour un nombre croissant de gens. Seuls des esprits nostalgiques s'opposeraient à cette adaptation, à cette « amélioration du niveau de vie ». Il reste que le niveau fait oublier souvent la qualité. Quels sont les porteurs

« Le peuple français incarne à la fois le mécontentement des misérables et l'outrecuidance d'une nation qui jouit.

de ce besoin de qualité ou, comme dit Hannah Arendt, de vie pour l'esprit ?

Très vite après Marx, on s'est aperçu que la « révolution » (celle des « biens matériels » plus le « bonheur ») ne se ferait pas dans les pays les plus avancés : Rosa Luxembourg notait déjà que ces pays-là équilibrent leur crise en s'alimentant à la misère du globe, et le moins que l'on puisse dire, c'est que le processus n'est pas fini. Faire la révolution dans les pays les plus pauvres, dans le « chaînon faible », par le forcing d'un parti dictatorial qui accouche du totalitarisme ? L'idée léniniste a échoué tragiquement. Aussi tragiquement que le délire de Hitler d'assurer le bonheur du *Volk* allemand en s'arrogeant le droit de supprimer de la surface de la terre d'autres êtres humains, des innocents qui ont cessé d'être humains aux yeux des nazis tout simplement parce qu'ils étaient autres, parce qu'ils étaient juifs.

Aujourd'hui, le champ de la misère, toujours trop vaste et insupportable, se rétrécit cependant. Notamment dans les pays démocratiques en Europe. Les peuples de ces pays se trouvent à un carrefour historique sans précédent. Le peuple français incarne à la fois le mécontentement des misérables (ceux de Robespierre et de Hugo) et l'outrecuidance d'une nation qui jouit (de Rabelais à Laclos et Colette). Est-ce un handicap ? Cela peut être une chance, si l'on ne veut pas mourir en célébrant la fin de l'histoire à coup de marketing. Les nouvelles formes de révolte que nous avons mentionnées réclament pourtant, plus que jamais, l'intervention des élites et des groupes dits spécialisés (professions, classes d'âge, etc.). Il est impossible de concilier le « peuple », les « élites » et les « secteurs d'opinion » ? Difficile, certes, mais impossible ? Pour ne parler que des élites, ce n'est pas le peuple qui les déconsidère, ce sont les élites elles-mêmes, quand elles oublient de s'inquiéter, s'enferment dans leur technique et se déchirent en guerres fratricides. Mais ces élites existent et, dans les laboratoires comme dans les universités ou dans la création artistique, les réalisations ambitieuses ne manquent pas. Un exemple : la rencontre biologie-jurisprudence-philosophie- psychanalyse-esthétique, si nécessaire pour prolonger l'essor de la biologie mais aussi pour faire face à sa dérive, c'est bien par les chercheurs français qu'elle est le mieux envisagée ; et elle ne laisse pas indifférente l'opinion publique.

Alors, sommes-nous en régression par rapport au années 60 ? J'entends dire aux États-Unis : il ne se passe plus rien en France. À voir. En apparence, ce qui se passe est moins spectaculaire – le spectacle est saturé de « shows », le travail en profondeur passe rarement ou mal sur le petit écran, mais il suit son cours, et peut-être même plus sérieusement qu'auparavant...

Deleuze parlait de la tristesse des générations sans maîtres. Avez-vous l'impression que la jeune génération a des maîtres ?

Je ne partage pas cette nostalgie : je ne crois pas avoir vraiment besoin de maîtres, et je n'ai pas l'impression que les jeunes que je connais en réclament. Ils ont besoin en effet d'*autorité*. Ce n'est pas la même chose. Dans ce « nouvel ordre mondial » de l'automatisation que nous avons décrit tout à l'heure, à la fois indifférent et hypercomplexe, l'individu menacé des « nouvelles maladies de l'âme » demande à rencontrer une *expérience*. Il accorde une autorité à celui ou à celle qui sont porteurs d'expérience. C'est rare, une personne avec une expérience. J'entends par là quelqu'un qui a fait son voyage au bout de la nuit, n'ignore rien de la perte de soi, mais a réussi à se rejoindre, et de la parole qu'il en tire éclaire un savoir. Ni un gourou ni un savant aride, mais quelqu'un ayant la possibilité de connaître avec l'incarnation en prime. Mes étudiants suivent les professeurs qui leur apportent des informations, mais ils respectent – parfois adorent – ceux qui animent leur discours d'une expérience. Ils lisent avec beaucoup de passion, moins les travaux techniques dont raffolaient les surmoïques des années 1970-1980, que les Pères de l'Église, les mystiques, les théologiens. Il n'est pas simple de soutenir cette demande, cette curiosité. Nous sommes appelés dans un transfert-contretransfert constant, qu'il s'agit à la fois d'accompagner et de tenir à distance. S'identifier à la souffrance et au traumatisme, faire advenir le désir, le laisser accomplir son expérience, et conduire ceux qui le demandent à la connaissance vive sur cette base seulement, pas à une « lettre morte ». Si l'on échoue, la voie est ouverte aux spiritualismes religieux ou idéologiques, qui spéculent sur cette demande d'autorité-expérience. Les psychanalystes, les écrivains, les artistes, les chercheurs en sciences humaines sont plus sensibles peut-être que d'autres à cette situation. Mais des maîtres à penser, non, pour quoi faire ? Tout le monde sait que personne ne sait tout, n'est maître de rien...

« Si l'on admet l'idée selon laquelle la temporalité d'une société s'ordonne autour d'un axe passé-présent-avenir, on notera aujourd'hui une surcharge du présent qui s'effectue au détriment du passé et de l'avenir », écrit Zaki Laïdi dans *Esprit* (février 1998). La jeunesse n'est-elle pas en mal d'avenir ?

Mais on n'a jamais autant parlé de mémoire ! Les jeunes ne sont pas cultivés comme certains d'entre nous l'étaient, mais n'oublions pas le flux démographique et le brassage social qui se cachent sous le mot « jeunes », et pas seulement les erreurs de l'Éducation nationale ! Nous vivons sans cesse de commémorations et autres procès de mémoire, personne ne peut y échapper. Est-ce assimilé, intériorisé ? Nous retombons sur le même problème : la nécessité d'habiter un sens ou une valeur, de les désirer, de les aimer, de les haïr, de se révolter avec, pour élaborer une vie psychique, un mode de liberté... Quant à l'avenir, les idéologies de la promesse sont en faillite, et ceux qui les regrettent peuvent se sentir mal, en effet. Le nouvel ordre mondial automatisé ne laisse pas prévoir, par ailleurs, d'autre avenir que... de s'y adapter : ce qui implique beaucoup de chômeurs et autres exclus, on ne le répétera jamais assez. Raison de plus pour entendre l'urgence qui s'exprime en France : par-delà la dépression nationale, la revendication d'une autre civilisation. Cela passe, notamment, par plus de courage dans le combat pour une Europe sociale. Les anti-Européens de tous bords sont, à mes yeux, des nationalistes archaïques qui habillent de démagogie populiste leur impossibilité de remettre en cause leur inertie, leur paresse et leur protectionnisme. Mais moduler le pacte européen en restant à l'écoute des révoltes, c'est tout autre chose.

Sur un plan plus métaphysique, votre question sur l'avenir nous ramène à la promesse et au temps : problèmes eschatologiques, problèmes religieux. On croit facilement que la personne religieuse est une personne humble qui s'en remet à Dieu et à ses promesses d'immortalité, par exemple, ou du moins d'avenir. Freud note cependant, dans *L'Avenir d'une illusion*, qu'au contraire c'est la personne athée qui se résout à la véritable humilité, car elle admet ses limites, ses impossibles, sa mortalité ou l'incertitude de son avenir. Cette humilité-là n'est pas une résignation, mais, au contraire, le vrai mobile, peut-être le seul, qui permet de se battre pour un avenir qui n'est assuré par personne et pour personne – ni par la famille, ni par la société, ni par la providence –, un avenir pour lequel je ne peux compter que sur mes propres forces, et celles de mes complices. Je n'attends pas d'assistance, je m'assume et je crée des complicités. Alors, l'avenir n'est pas l'attente d'un assistanat, il est à l'horizon d'une sorte de renaissance perpétuelle – si nous en sommes capables.

Cette renaissance s'applique aussi au lien amoureux. Ce qui est difficile à comprendre chez vous, c'est quel type de place vous accordez à la femme et à l'homme dans le couple hétérosexuel. Je précise ma question. On a l'impression, à propos de la femme – ce que vous nommez son « apparent réalisme » – que pour être autonome une femme doit vivre « avec la présence de l'enfant et de l'amant », et ce dans des conditions économiques suffisantes.

Je ne comprends pas ce que vous ne comprenez pas. Dans *Sens et non-sens de la révolte*, je dis que la femme est étrangère à l'ordre phallique qu'elle intègre pourtant, ne serait-ce que parce qu'elle est un être parlant, être de pensée et de loi. Mais qu'elle conserve une distance à l'égard de l'ordre social, de ses règles, de ses contrats politiques, etc., qui la rend sceptique, potentiellement athée, ironique, et tout compte fait pragmatique. Je n'en suis pas vraiment, dit une femme, je reste en dehors, je n'y crois pas, mais je joue le jeu, et même parfois mieux que d'autres. Une sorte de déséquilibre en résulte, qui provoque les grandes et endémiques mélancolies féminines ; mais aussi, en compensation, les efforts de « faire comme si » – avec la séduction, le maquillage ou, sur un versant gravissime, l'ab-négation, le surmenage, etc. Comment équilibrer cette étrangeté, cette « éternelle ironie de la com-munauté » que craignait et dévalorisait le vieux Hegel ? L'indépendance économique d'abord : un métier, du travail pour toutes les femmes. Une sécurisation psychique et existentielle aussi, toujours à recommencer, car une femme peut être plus lourdement encore qu'un homme une endeuillée inconsolable de sa mère, qu'elle ne parvient que rarement à quitter. Le mari, l'amant s'efforcent de combler les *blues* bovaryens qui bercent la plupart d'entre nous. L'enfant, cependant, est cette pré-sence réelle qui devient l'analyseur permanent : relais du narcissisme, autre ultime et indispensable, œuvre peut-être quelconque mais toujours sublime et qu'aucun objet esthétique ou religieux ne saurait égaler ; mais surtout autre à quitter, à qui je donne, qui me fait don, qui me rappelle continûment que je ne suis que séparation et don.

Les femmes détiennent la clé de l'espèce, cela signifie-t-il que les hommes détiennent celles de la révolte ?

Les femmes détiennent la clé de l'espèce à condition de la partager avec les hommes. Du moins dans l'état actuel de la science – plaisantons un peu. Mais, en dehors des spermatozoïdes et des ovules, encore indispensables, n'avons-nous pas suffisamment insisté dans notre conversation sur le fait qu'un être humain, un sujet parlant, est issu d'une struc-ture à trois, où le père joue un rôle essentiel ? Quant à la révolte, je suis en train de travailler sur un ouvrage consacré au génie féminin, pas moins que cela, et notamment à l'apport des femmes à la crise de la culture au XXe siècle. Hannah Arendt, Mélanie Klein, Colette – trois auteurs très différentes, toutes révoltées, si vous insistez pour reprendre le terme. Pensons à Hannah Arendt, philosophe et politologue, qui gêne l'*establishment* universitaire aux États-Unis et suit de près Heidegger, mais stigmatise ses compromissions et surtout déplace sa pensée dans une auscultation sans précédent des responsabilités humaines au cœur de la politique et de l'histoire modernes ; à Mélanie Klein, qui insiste plus et autrement que Freud sur la psychose et la pulsion de mort, et rend de fait la psychanalyse contemporaine apte à penser les traumas du siècle ; et à la lumineuse Colette, enfin, qui ne dédaigne pas les honneurs institutionnels, tout en restant insolemment sensuelle, impénitente. Non, les femmes ont leur place dans la révolte. Et je ne comprends pas pourquoi vous voulez que je sépare les femmes et les hommes si méchamment, comme le faisait Vigny repris par Proust : « Les deux sexes mourront chacun de son côté. » J'espère que non ! La guerre des sexes aura fait beaucoup de victimes, mais nous sommes embarqués ensemble, pour le pire comme pour le meilleur.

bibliographie

ARENDT, Hannah, *Essai sur la révolution*, Gallimard, coll. « Les Essais », Paris, 1967.

ARENDT, Hannah, *Vies politiques*, Gallimard, coll. « Les Essais », Paris, 1974.

ARENDT, Hannah, *La Vie de l'esprit*. T. I : *La Pensée*, PUF, Paris, 1981. T. II : *Le Vouloir*, PUF, Paris, 1983.

BATAILLE, Georges, *L'Expérience intérieure*, Gallimard, coll. « Les Essais », Paris, 1943.

CLAVEL, Maurice, *Combat de la résistance et de la révolution, juillet 1968 à juin 1970*, Flammarion, Paris, 1972.

DEBORD, Guy, *La Société du spectacle* (1967), Gallimard, Paris, 1992.

DELEUZE, Gilles et GUATTARI, Félix, *L'Anti-Œdipe*, Éd. de Minuit, Paris, 1972.

FREUD, Sigmund, *L'Avenir d'une illusion* (1927), PUF, coll. « Bibliothèque de la psychanalyse », Paris, 1971.

FREUD, Sigmund, *Malaise dans la civilisation* (1930), PUF, coll. « Bibliothèque de la psychanalyse », Paris, 1971.

GREEN, André, *Le Travail du négatif*, Éd. de Minuit, Paris, 1993.

HEIDEGGER, Martin, *Chemins qui ne mènent nulle part*, Gallimard, Paris, 1962.

KRISTEVA, Julia, *La Révolution du langage poétique*, Éd. du Seuil, coll. « Tel Quel », Paris, 1974.

KRISTEVA, Julia, *Étrangers à nous-mêmes*,
Fayard, Paris, 1988.

KRISTEVA, Julia, *Les Nouvelles Maladies de l'âme*,
Fayard, Paris, 1993.

KRISTEVA, Julia, *Le Temps sensible. Proust
et l'expérience littéraire*, Gallimard, Paris, 1994.

KRISTEVA, Julia, *Pouvoirs et limites de la psychanalyse*
T. I : *Sens et non-sens de la révolte*, Fayard, Paris, 1996
T. II : *La Révolte intime*, Fayard, Paris, 1997.

LACAN, Jacques, *L'Éthique de la psychanalyse*,
Éd. du Seuil, Paris, 1986.

LACAN, Jacques, *L'Envers de la psychanalyse*,
Éd. du Seuil, Paris, 1991.

SARTRE, Jean-Paul, *On a raison de se révolter*,
Gallimard, Paris, 1974.

Achevé d'imprimer
sur les presses de l'imprimerie IBP
à Fleury Essonne - 01 69 43 16 16
Dépôt légal : mars 1998
N° d'impression : 6774